U0923638

宝贝，我想对你说

Letters To My Children

[英] 菲利浦·切斯特菲尔德 著
马良 译

天津出版传媒集团
天津人民出版社

图书在版编目（CIP）数据

宝贝，我想对你说/（英）切斯特菲尔德著；马良译. —天津：天津人民出版社，2015. 10

ISBN 978-7-201-08536-4

Ⅰ. ①宝… Ⅱ. ①切… ②马… Ⅲ. ①家庭教育－书信集－英国 Ⅳ. ①G78

中国版本图书馆 CIP 数据核字（2013）第 314390 号

宝贝，我想对你说

出版策划：精典博维　　作　者：［英］菲利浦・切斯特菲尔德

天津人民出版社出版
出版人：黄　沛
（天津市西康路 35 号　邮政编码：300051）
邮购部电话：（022）23332446
网址：http：//www. tjrm. com
电子信箱：tjrmcbs@126. com
杭州日报报业集团盛元印务有限公司印刷　新华书店经销
2015 年 10 月第 1 版　2015 年 10 月第 1 次印刷
787×1092 毫米　16 开本　11 印张
字数：65 千字
定价：28.00 元

或许，你不知道如何告诉孩子，你的爱和担心；
或许，在教育的策略上，你只能摆出一副严厉的样子。
但是，你温暖的心意依旧可以传达给孩子：
在成长的路上，让我们一起结伴同行！

一本关于人生艺术的书，体现出对孩子无微不至的关怀；
一部畅销全球的“绅士教科书”，饱含经久不衰的育子策略。
它告诉我们，世界上没有错的孩子，只有错的指引，
而父亲就是孩子在人生航路上的一座灯塔。
坚定，而从容；
厚重，而温暖。

目　录

CONTENTS

我的女儿，我想对你说

001 奠定人生的基础 / 3
002 你长大后想成为什么样的人 / 5
003 永远保持好奇心 / 6
004 为人诚实并充满自信 / 7
005 成功者的秘诀 / 9
006 妈妈是你最好的老师 / 11
007 培养良好的习惯 / 12
008 学习规划生活 / 14
009 为自己说的话负责 / 15
010 赞美是进步的最佳动力 / 16
011 养成记笔记的习惯 / 18
012 以单纯的心看世界 / 20
013 学习控制脾气 / 22
014 懂得展现长处 / 24
015 礼貌是成功的第一步 / 25
016 正确的礼仪观念 / 27
017 拒绝的艺术 / 29
018 珍惜会批评你的朋友 / 31
019 犯错时不找借口 / 33

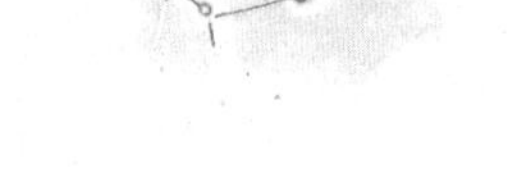

020 不要在背后批评朋友 / 35
021 培养良好的适应力 / 37
022 学会爱自己 / 39
023 请主动付出爱心 / 41
024 男女一样优秀 / 43
025 别让困境吓倒自己 / 45
026 坦率地与异性相处 / 47
027 给初次面对月经的你 / 49
028 与异性交往的正确态度 / 51
029 “一定要幸福” 的义务 / 53
030 睡眠要充足 / 55
031 为了健康请远离速食 / 57
032 健康比身材更重要 / 58
033 两性平等不是梦 / 59
034 把握短暂的空闲时刻 / 61
035 玩乐并不是坏事 / 63
036 多去郊外走走吧 / 64
037 学习正确的金钱观 / 65
038 通过历史来了解世界 / 67
039 学习英文以拓展视野 / 69
040 阅读书籍不应设限 / 71
041 培养良好的学习习惯 / 72
042 试着培养自己的爱好 / 74
043 永保一颗乐观的心 / 76
044 勇于挑战自我 / 78

● 我的儿子，我想对你说

001 勇敢地表达自己的想法 / 83
002 发挥你的幽默感 / 85
003 用公平的方式与对手竞争 / 86
004 不要将情绪挂在脸上 / 88
005 学习朋友的优点 / 89
006 多替别人着想 / 90
007 专心做好每一件事 / 92
008 让别人对你印象深刻 / 94
009 每天和自己赛跑 / 96
010 勤劳是最棒的品质 / 98
011 永保专心、恒心、好奇心 / 99
012 谦虚的人会受到大家的喜爱 / 101
013 说谎是无止境的深渊 / 102
014 全力以赴的意志 / 104
015 正义的守护者 / 107
016 智慧从经验累积而来 / 109
017 告诉自己，我办得到！ / 111
018 爸爸的偶像 / 113
019 请尊敬你的老师 / 115
020 朋友是一辈子的事 / 117
021 倾听朋友的心事 / 120
022 从小地方做起 / 121

023 老人家是智慧的宝藏 / 122
024 小人物的哲理 / 125
025 自己的事情自己做 / 127
026 像个男人般挺起肩膀 / 129
027 与自己做个约定 / 131
028 向着目标全力以赴 / 133
029 人与人之间的第一句话 / 135
030 主动学习的乐趣 / 137
031 书是无言的老师 / 140
032 百闻不如一见 / 142
033 失败并非结束，而是开始！ / 144
034 成功人物的特质 / 146
035 你常说错话吗？ / 148
036 勇于承认错误 / 149
037 和爸爸一起去旅行 / 151
038 健康就是财富 / 152
039 学习安排自己的生活 / 155
040 收集每天的故事 / 158
041 报纸中的大世界 / 160
042 建立良好的异性友谊 / 162
043 节俭和储蓄的好习惯 / 164
044 将决心化为行动 / 166

HELLO Baby

>>> 我的女儿，我想对你说

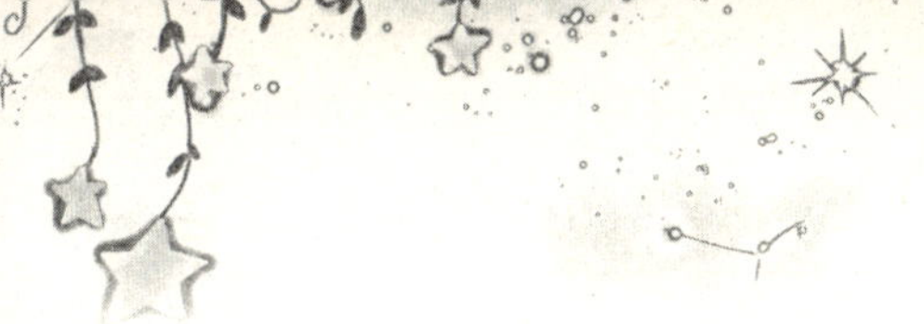

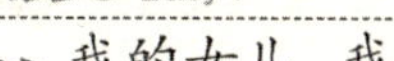

001 奠定人生的基础

你的人生正处于非常重要的时期，所以，爸爸写信给你，想把自己的人生经验告诉你。

嗨！亲爱的女儿，如今的你已经长大，自己已经有了一定的评判标准，但是爸爸还是不太放心，想和你谈谈。千万不要厌烦爸爸太过啰嗦了，要知道，这是你人生之中尤其重要的时期，所以，爸爸之前的人生经验一定会帮到你的，我会用我自己的亲身经历举例，希望能够对你有帮助。我最终决定给你写信，所以千万不要觉得爸爸烦哦，一定要认真看完！

小学是人生的基础阶段，所以现在是你人生学习的重要阶段。你一定听过“时间就是金钱”这句话吧，这句话就是告诉我们时间非常珍贵，我们一定要珍惜时间。但是，说起来容易，真正做到却非常的困难。很多人在小时候就没有意识到珍惜时间的重要性，所以，爸爸希望你能从现在就开始了解时间的宝贵与重要性，养成合理利用时间的习惯。

你应该知道爸爸是个喜欢看书的人吧？我想，这个习惯也许我一辈子也改不了了！爸爸真的非常喜欢看书，它让我觉得很快乐，这是我在上小学的时候就养成的阅读习惯，不过，爸爸也很喜欢外出玩耍哦！而且，我一直不觉得玩耍是一件浪费时间没有意义的事情，因为玩耍可以带给我们很多，让我们的生活变得多姿多彩，让我们感到快乐，所以我觉得，与其待在那里无所事事，还不如做些有意义的事情。

接下来的这几年对你来说尤其重要，爸爸希望你能快乐地度过并有所收获，因为这段时间必将对你的未来产生深远的影响。

002 你长大后想成为什么样的人

爸爸希望你从小就心怀梦想，因为，有梦想的小孩才懂得努力去完成自己的愿望。

你长大以后，想成为一个什么样的人呢？想从事什么工作呢？

你是不是觉得现在想这些还太早了？当然不会哦！因为我们所知道的很多的伟人在小时候就已经确立了坚定而又伟大的梦想，并且花费了一生的时间来实现梦想，有人在那里嘲笑你自不量力这并不可怕，只要你有毅力坚持梦想永远不要放弃，用你一生的时间来实现自己的梦想。

人生路漫漫，最初的梦想也许不能伴随你走到最后，但是，爸爸还是希望你也能够拥有梦想，如果从前你还没有考虑过这个问题，那么，从现在开始好好考虑一下吧！

爸爸希望你能够做一个有梦想的小孩，而且，我坚信，懂得展望未来的孩子，将来一定可以实现自己的梦想。

告诉我你现在的梦想，或是你将来有一天想要拥有的梦想，让我们一起想想将来你会成为一个什么样的人，所以，把你的梦想告诉爸爸吧！相信我会帮到你！

003 永远保持好奇心

爸爸希望你能向牛顿学习，一生为了一个“为什么”的问题而孜孜不倦。

孩子，你听说过牛顿的故事吧？他是发现万有引力的科学家。你知道牛顿为什么会发现别人从来就不在乎的地球引力吗？实际上，主要是因为他从小就是个喜欢思考的孩子！

在我们的生活中到处都存在着一些想不明白的问题，对于这些问题，有的人觉得不以为然，但是有的人却会思考“为什么”，并像牛顿一样努力地寻找答案。其实，我们平常所使用的物品，就是靠着人们的好奇心才发明出来的哦！

爸爸希望你做一个充满了好奇心的孩子，并在用心观察之后，试着提出疑问，对于书本的内容或是老师告诉你的知识，不要单纯接受，要懂得质疑。

你要明白对每件事情都怀抱着疑问，就像是为自己安装了无数根天线：一个人安装的天线越多，能够学到的知识也会越多！

所以，从现在开始，多为生活提些问题吧！也许你会比牛顿还要有成就呢！

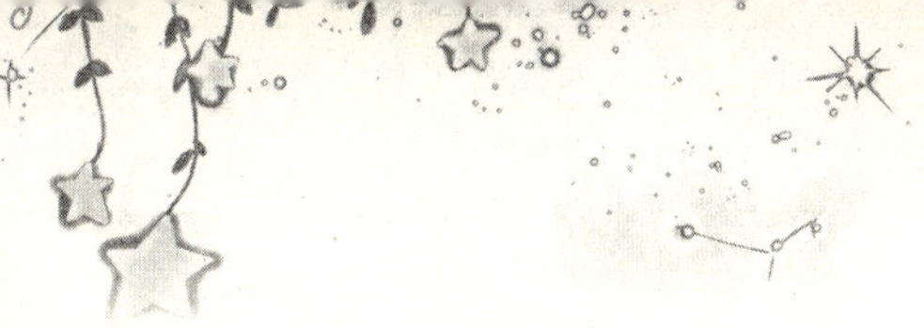

004 为人诚实并充满自信

经常与别人交谈、交换想法，会让自己变得越来越自信，锻炼自己的语言表达能力！

和别人谈话和讨论可以让我们把自己的想法或主张发表出来。比如你在学习新的事物时，不论是通过书本或是老师的教导，你都要多和朋友们交流看法，这样可以让你将新知识学会。换言之，多与他人讨论不但可以让你的困惑解除，也可以让你对知识有更深的理解，所以，通过交谈你可以认识一个全新的自己！

我们要经常和周围的朋友讨论书本内容或是新闻，这样可以使自己学到新的知识。还可以让我们了解各种不同的观点，通过交谈我们还可以加深对他人的了解，在这个过程中我们可以学习说话的艺术。例如：不懂就要虚心求教，千万不要得过且过。

多花些时间和别人交谈、沟通，这样可以锻炼自己在公共场合临危不惧清楚地表达自己的主张。但是，一定要注意说话时的语气，千万不能一副高高在上的姿态哦！就算对方是自己的朋友也一样，发表见解之前首先想好你要用什么方式来阐述观点，然后再开始进行沟通，一定要注意自己的语气，这是良好沟通的前提条件。

从现在开始，爸爸希望你能够从容大方地和别人交谈，而且充分享受语言艺术的乐趣。啊！不如今天我们全家人就召开一个家庭聚会吧，讨论一下每个成员都可以为家庭变得更幸福做些什么吧，你觉得呢？

005 成功者的秘诀

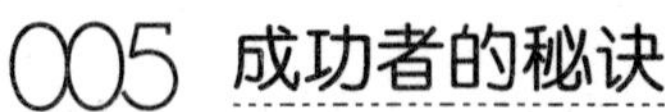

有梦想的人是幸福的，大声地说出你的梦想吧！如果你需要帮助，放心告诉爸爸好了，爸爸一定会帮你的！

爸爸今天突然想到了一件事，在爸爸所熟悉的人当中，只有极少一部分人实现了小时候的梦想，其中很多的人都由于生活所迫而不得已放弃。所以你要明白，坚持梦想的道路是多么的艰辛。

为了实现梦想，就要持之以恒地拼搏，面对挫折马上想到退缩的人，是永远也无法实现梦想的。要知道，一个人之所以能够成功，是因为他们坚持不懈地拼搏。

你知道著名的旅美棒球选手陈金锋吧？在他还没有取得胜利之前，他总是坚持风雨无阻地天天到球场努力练球，就是因为他不曾放弃的持之以恒，所以最后他才登上了棒球选手梦寐以求的美国职棒大联盟；还有，中国的篮球选手姚明，也是付出了无数的汗水，才成为 NBA 历史上首位华人新秀状元。

爸爸希望你能像这些人一样全力以赴为梦想拼搏，而且，既然下定决心成功，那就索性把目标定得高一点吧！爸爸想要你明白，不管到了什么时候，只要你需要爸爸，爸爸一定会站在你的一边的，我会尽全力助你完成梦想，当然也欢迎你随时找我商量。只要能够让你实现梦想，爸爸一定会尽全力协助你，因为我始终坚信只要付出，梦想就会实现，加油吧！

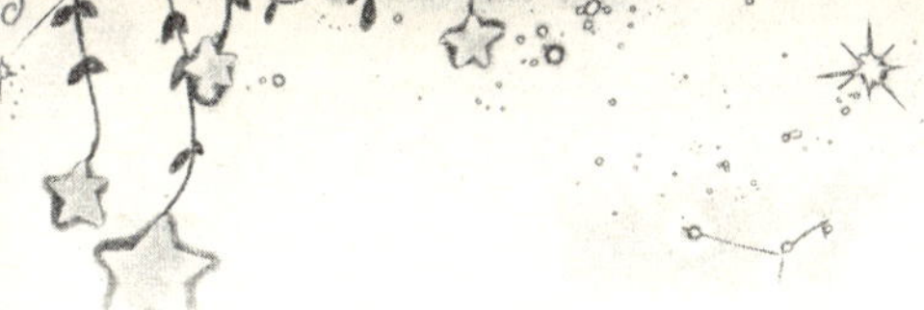

006 妈妈是你最好的老师

不管你遇到什么困难，妈妈都是你坚实的后盾，相信她一定是世界上最好的老师。

爸爸今天看到你跟妈妈一起做功课，突然感觉，妈妈俨然就是真的老师，因为她非常认真且全心全意地教导你。

从你出生的那一刻起，妈妈就是你人生的第一个老师，不论你遇到什么困难，她永远会帮助你找到正确的方向。

爸爸想告诉你，妈妈可以教你的东西很多哦！所以，只要你有什么烦恼的事情，就去找妈妈吧！如果有什么烦恼的事情一定要记得告诉妈妈，千万不要把事情藏在心里；妈妈和你一样是女生，有些事情妈妈会比爸爸更懂你的心思。

啊！对了，你待会儿就和妈妈一起去超市购物吧！陪妈妈选购物品或是帮妈妈提东西，这样可以让你们母女俩的关系更加亲密的，而且，妈妈看到你这么做，一定会感叹我们的女儿长大了！

007 培养良好的习惯

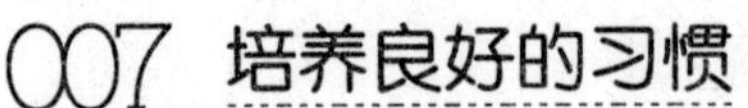

对于自己我们要全面了解，知道自己有什么优点，还有什么需要改正的坏习惯，这样才能够提高自己的人格素养，赢得他人的赞赏哦！

每个人生活都有自己的习惯。什么是习惯，就是指自己特有的具有一定规律的行为，或是对待一些事情自己特有的本能反应。

习惯有很多种，有些你自己很清楚，有些你自己却根本不知道；有些习惯是好的，有些却很不好。首先，我们需要清楚自己究竟有什么习惯，因为当你知道自己有一些坏习惯时，就会自觉地去改正，最可怕的是连你自己都不知道原来自己沾染了一些坏习惯，因为如果这样的话我们会在无意间伤害到他人。所以，我们一定要弄清楚自己有什么坏习惯，下决心把它们改掉。

那么，什么才是好的习惯呢？比如，及时地做自己份内的事情而不沉迷于电脑游戏、对待事情态度积极而且有礼貌、喜欢关心他人、从不在背后说朋友的是非、不喜欢吃零食等垃圾食物、上课非常认真、考完试后总会将不懂的地方弄明白、是个尊师敬

长的好孩子、关爱环境卫生、热心于公益事业，这些都是很好的习惯，当然，好的习惯还不止这些。

我相信你一定也有很多值得保持的好习惯，爸爸希望你能够继续保持下去，同时也要继续努力，让这些习惯帮助你修整自己的人生，通过它们提高自己的修养，请你相信这些对你的将来有百利而无一害。

008 学习规划生活

如果你想成为生活的强者，那么就要懂得合理规划自己的生活。

那么我们为什么要规划自己的生活呢？这是因为，制订周详的计划才可以合理利用时间。如果你想成为生活的强者，那么就要懂得合理规划自己的生活。

不过单纯地制定计划还不够，必须将它们付诸于实践，爸爸知道你常常为自己制订假日计划表，但是，很多时候都没有完成计划，对吧？这样做可不是个好习惯哦！

相反，假如计划本身并不是多么完美，但是，如果你能够照着计划实行的话，要比那些好看但不实用的计划好得多！

为你的生活制订计划可以让你的生活更有条理，所以，爸爸希望你能够为自己制定一份切实的计划，严格执行，最后定会达成目标。

 009 为自己说的话负责 

说谎是件非常不好的事情，它会击碎朋友之间的信任。

“假如你说谎，后果很严重，你会失去所有人的信任。”

以前的人把信守诺言看的非常重要，人们可以从一个人的话语之中看出他的人品。但是，现在的人越来越不在乎诺言的重要性，根本不去遵守诺言。

亲爱的女儿，爸爸希望你不管在什么情况下都不要说谎，要对自己所说的话负责。

爸爸相信你是个诚实的好孩子，因为我目睹了你为信守承诺而努力的样子，所以我相信你。

我始终坚信，假如你长大了，这种美好的品质一定会促成你的成功。而且，在你以后的生活中，如果想要遵守约定非常困难的话，也一定要克服困难实现承诺。

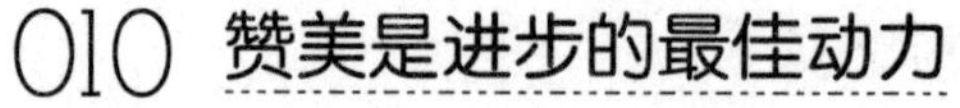

010 赞美是进步的最佳动力

人们都希望得到别人的赞美，而且这种情绪可以为我们进步提供动力。

你想得到别人的赞赏吗？你喜欢被肯定吗？爸爸觉得一定会得到你肯定的答案，不是吗？你是不是想知道爸爸是怎么知道的？因为每当爸爸看到你一到周末时就会主动早早起床，主动打扫自己的房间，会在去补习班之前就写完功课时，我就知道你一定是希望把每件事情都做好然后得到爸爸和妈妈的赞赏，是吧？

虽然你没有对我说，但是你的行动已经告诉我你希望得到别人的肯定，而且真是由于这种希望的存在，才让你有了做好一切的动力。

实际上，人人都希望得到别人的夸赞，如果一个人一直生活在被肯定的环境中，这些鼓励就会促进他不断地进步。而且每次你被夸奖了之后，你都会感到很开心，这样也会让你自觉地更加努力。

但是，假如一个人对别人的关注毫不感兴趣，而且非常没有

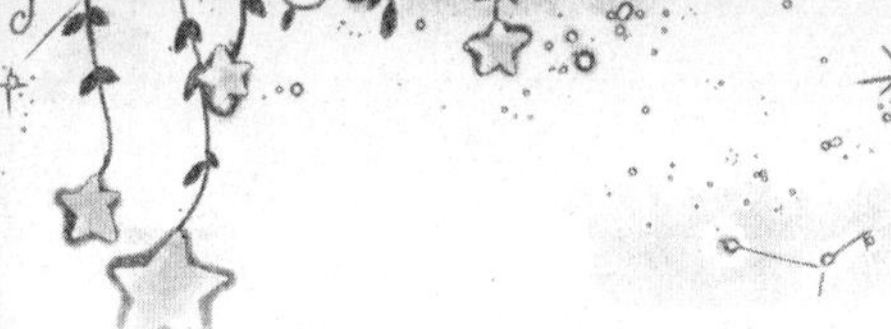

耐性，那么称赞对他来说根本一无是处。就算别人再怎么称赞他，他都会觉得这与他并不相关。相反，如果太过渴望被称赞，甚至为此不惜不择手段，也是不好的。如果是这种人，一定会扭曲了自己工作的初衷的。

如果你想得到别人的赞赏，而不会采取不正当的行为，也不会伤害别人，努力工作才是最好的。通过这样一个过程，你会进一步挖掘自己的潜力！

011 养成记笔记的习惯

记笔记可以帮助你积累知识。

每个人都有不相同的习惯，有些人有着良好、高效的习惯，有些人却固执地坚持自己浪费时间的坏习惯。所以，不需要爸爸说太多，我相信，你一定清楚什么是好习惯而什么是不可取的。

在我们小的时候就养成的习惯，对我们今后的人生影响是深远的，看爸爸就是最好的例子。爸爸从小就有记笔记的习惯，后来长大了在大学念书逐步进入了社会，我从未抛弃这一习惯。这个习惯帮助爸爸不断提高文字水平，逐渐帮助爸爸实现了自己的梦想。

生活中我们要细心地观察事物。例如：走路时或者是睡觉前，假如有什么想法在你脑中一闪而过不妨记下来，如果今后你想写作的话，这会很有帮助的。当你在阅读或是在听别人说话时，如果有喜欢或者有意义的句子，一定要记得抄录下来，要知道这些都将成为你今后宝贵的财富！而且，养成这个习惯还能帮助你成为一个遵守承诺的人，就算是一个小小的约定，你也会非常看重；

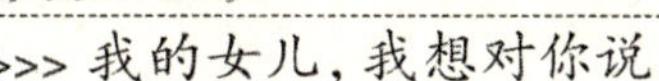

当然，你要首先对自己说过的话负责，一定要成为一个信守诺言的人。

世界上很多名人都有记笔记的良好习惯，有的人甚至会在厨房、洗手间或是卧室都预备好纸笔，这样就可以随时随地记录下自己的想法。要知道人的大脑毕竟是有限的，我们需要把好的想法及时写下来，以免将其遗忘。你一定曾经经历过这样的事情吧？所以，养成记笔记的习惯非常的必要。要知道，记笔记可以将自己的记忆扩充，所以，爸爸希望你从今天开始也能够养成记笔记的好习惯。

012 以单纯的心看世界

亲爱的女儿，不要将世界看得太过复杂！就算你现在比不上别人，也不要心里不平和！

有一天你认真地看着这封信，这个复杂的世界不曾有任何的停歇，看看周围人们匆忙的步伐你就可以明白了。看到周围的人们来去匆匆，爸爸有时候甚至怀疑我亲爱的的女儿是否可以适应这个瞬息万变的世界。

为什么人们都要弄得自己那么辛苦呢？为什么不论男女老少，都为着遥远的目标不懈地向前冲呢？为什么每个人的生活都像一场百米冲刺比赛呢？

每当爸爸看着这个喧嚣的尘世，心里就是别样的感觉。其实，我们都应该放慢彼此的步调，换上轻松地心情，你会发现这个世界是多么的美丽。

我亲爱的女儿呀！爸爸希望你不管世界怎样的纷繁复杂，仍保持住你的童真，就算你步履缓慢也无需灰心丧气！

爸爸不希望你为了争取第一而让自己的生活太过艰辛；相反，

爸爸希望你在自己的人生旅途中，不要来去匆匆，要多欣赏一下旅途的美丽景色，多为别人考虑，记得多关心身边的朋友！

013 学习控制脾气

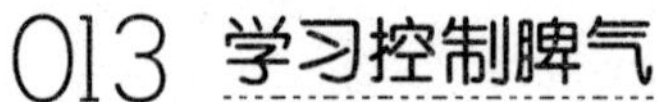

人类是万物的主宰，必须要懂得合理控制自己的情绪。

今天，我看到你和你最要好的朋友吵架了，当时我心里就在想，为什么我的女儿会那么生气呢？我很为你担心。

人人都会生气，因为“生气”是每种动物都具备的一种情绪。但是人类的不同在于我们会控制自己的情绪，这样我们才敢自称为“万物之灵”。所以，每个人都有情绪，不同的是你能不能控制它。

实际上，这世上谁又没有发过脾气呢？但是千万不要将你的情绪随意发泄在别人身上，也不可以藏在心里。所以，爸爸告诉你，如果你感到很生气，那么想一下你为什么会生气呢？找出原因让自己平静下来。

我们不可以选择将脾气发泄在别人身上，同时也不要将它藏在心里，因为一味地忍耐并不能解决问题，反而会气坏了自己的身体。控制情绪的最佳方法，就是先找出令我们生气的原因，然后再想办法解决。

你要好好学习控制自己的脾气哦！一旦你学会了管理自己的情绪后，就会发现你周围的世界是多么的祥和美丽，而且，你的心情也会好很多哦！

014 懂得展现长处

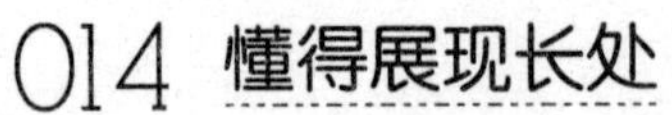

善于展现自己的能力，有时候酒香也怕巷子深。

假设在你面前有两栋建筑物，一栋是历经百年历史，但从外边看起来没有任何不同、非常的普通，另一栋是既坚固又很漂亮的房子，让你去选，你会选择哪一栋呢？爸爸猜想，你一定会选择后者吧？

人也是一样的道理。有的人虽然功课算不上太好，却是个乐观积极的人，非常乐于助人；另外的虽然成绩名列前茅，但每天都冷冰冰的，不爱交谈。你会喜欢和谁来做朋友呢？

毫无疑问，你一定会选择那个非常乐观的那一个吧？因为这个人真诚，坦然地对待别人。相反，不善言谈的那位朋友，成绩虽然很好，却不知道将自己推荐出去。

一个人就算再有能力，别人看不见又有什么用处呢？所以，想要让别人看到自己的能力，首先要给别人留下良好的印象，例如端庄大方、对人有礼貌、彬彬有礼，还有在和别人讲话时要面带微笑等等。爸爸希望你在今后的生活中一定要重视！

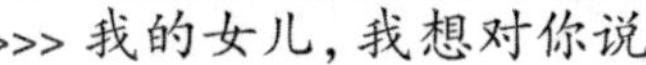

015 礼貌是成功的第一步

打招呼是一件微不足道的小事，但是关系重大，是我们成功的关键。

人与人的交往是从打招呼开始的，就算你们是非常熟悉的朋友，也要有礼貌地主动打招呼，这样会让对方感到很高兴，他会更加喜欢见到你；想想吧，如果有人每次见到你，都开心地主动向你打招呼，你也一定会很高兴才对。

要知道，大人的世界也是一样的哦！我们大人都喜欢有礼貌的小孩，这种事情你应该知道吧！

可是，我觉得现在的小孩有很多都不太重视礼貌这回事。我想，这应该要怪他的父母没有教他吧！了解一个人很简单，从他平时细微的行为举止中就可以看出他的家庭、他受到的教育等。所以，如果你不能够做一个有礼貌的好孩子的话，爸爸和妈妈可能会被人责怪。而且，爸爸现在就可以预见将来踏入社会后会遇到一些什么困难，要知道这个社会可以容纳下有礼貌的人，至于那些没礼貌的人会被社会淘汰的。

不过，打招呼并不是想象中那么简单，只说句“你好”就行了。你要让对方感受到你的真诚，我相信，只要你是真心实意想和别人打招呼，对方一定会感觉到你的真诚。

所以，爸爸希望你能够热情地对待别人，真心地问好。虽然打招呼是件微不足道的小事，但是会影响你今后的生活，促进你的成功。要知道，成功对你来说并不是遥远的星辰可望不可即，只要你着眼于小事，总有一天会取得成功。

016 正确的礼仪观念

这是一个讲道德的社会，不管你是谁都要讲究礼仪礼貌，礼仪是我们的生活中不可或缺的一部分。

曾经有人说“礼仪是彼此让步、互相尊重的行为”，不知道你心中对于礼貌有什么样定义呢？

其实，我们可以细心观察一个人的举止行为，由此就可以得出对这个人的判断。此外，一个人的装饰打扮也非常重要，当然不是要我们穿多么昂贵的衣服，只是穿着打扮要得体。发型也是非常重要的部分。我们除了要考虑自己的发型是否整齐之外，还要保持头发的清洁；在和他人接触时，要把微笑常挂脸上，这样才能给人留下深刻的印象！

说到礼仪，非常重要的一部分是我们和长辈之间的相处，当然并不是要你在和长辈在一起时，一定要非常死板、死气沉沉的。只要你从心底里尊重长辈，恭敬地和长辈们相处就可以了。那么，又该如何对待你的同龄朋友们呢？记得爸爸说过的“就算关系再亲密，有些礼仪还是必须遵守”。我们在和朋友们相处时一定要注

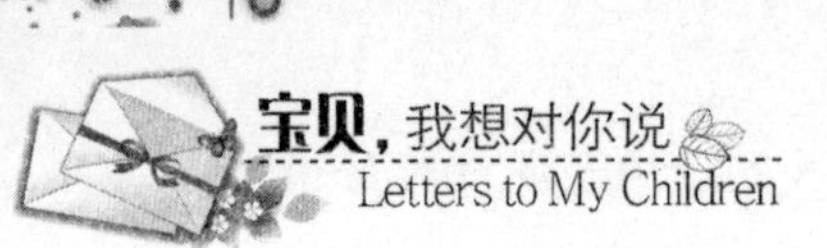

意自己的言行举止，一定要有礼貌地对待他人，不要用语言去攻击对方的自尊，同时注意不用太过高傲的态度对待他人，这些我们在生活中都要引起重视。

还有就是我们应该怎样对待年纪比自己小的朋友呢？或许你会问我："他的年纪比我小，我为什么还要那么礼貌地对待他呢？"爸爸觉得，虽然对方的年纪比自己小，但是我们应该像对长辈或是同年龄的朋友一样尊重他们，交谈时不能因为对方的年纪较小就傲慢地对待他人。不管在什么场合，对待什么人，我们都要做一个懂礼貌的人，爸爸希望你能做到这些。

017 拒绝的艺术

如果不喜欢，拒绝也是一种礼貌，不要等到以后变得更加麻烦。

有些时候，这个社会不需要我们太过坦诚，例如我们看到邻居阿姨戴的帽子非常滑稽，如果觉得诚实就是告诉她说她看起来很好笑就完全错了。

一些特殊的情况下，我们不可以不加思索地将自己真实的想法表达出来，我们必须要委婉地说出来，让对方可以接受；当然，也有许多人认为这是错误的，觉得隐瞒了我们真实的想法，只是为了躲避麻烦而已。

但是，爸爸并不是要你不管在任何情况下，都选择用善意的谎言隐瞒真相。如果你总是无所顾忌地说善意的诺言，时间长了，你就会忽略了事实的真相，从而让自己深陷谎言的漩涡，甚至在心里觉得“说谎根本没有错”。最后，或许都无法评判是非。

举个例子，有一位你并不是很熟悉的朋友邀请你参加他的生日派对，你不是很想去，但是又怕拒绝会让他生气，所以，只好模糊地回答却不敢明确地表达自己不想去的想法。但是在生日派对的前几天，才想起借口拒绝他的邀请，你觉得他会怎么样呢？他一定会觉得你在欺骗他，你原本就不想来，他会非常地生气吧！

如果你在当时就能明确地告诉他“很感谢你的邀请，但是我这个周末没有时间，恐怕没办法参加”，我想这样他就可以理解你，你也不会陷入尴尬的境地了。

如果你一开始就诚实地拒绝，也就避免了后面的尴尬场景不是吗？爸爸能够理解在一些情况下，你不方便说真话，只是无奈才选择了说谎；但是，爸爸还是希望你懂得判断在正确的时间说合适的话，而不能做一个习惯撒谎的人！

018 珍惜会批评你的朋友

什么才是真正的好朋友，不光要和你一起玩要为对方提供学习的对象，还要在你犯错的时候指正你，帮你改正自己的缺点的。

爸爸知道你的人缘很好。例如：平时会有朋友到家里玩、放学后有人陪你一起回家。看啊！你多么幸运，有这么多的朋友。当然，我相信你还有很多的朋友爸爸根本就没见过，对吗？不过，相信你一定听过“什么样的人交什么样的朋友”这句话吧！

这是什么意思呢，就是说看看你的朋友什么样就知道你喜欢和什么类型的人交往，由此可以分析你的人品。也就是说，通过朋友可以真实地反映出你自己。

那么，什么样的人才算是好朋友呢？不光要和你一起玩要为对方提供学习的对象，还要在你犯错的时候指正你，帮你改正自己的缺点的。

有些人作为你的朋友对于你的过错却充耳不闻，这种人不值得交往；因为哪天假如他也犯错了，一定也会要你装做没看到，这样岂不是两个人都犯错了吗？

但是，如果你觉得某个人并不值得做朋友，也不要讨厌他，因为如果你讨厌他，他也不会喜欢你，接下来，他周围的朋友也会跟着讨厌你，如此一来，无形中你就增加了很多的敌人，这对于你的生活可是百害而无一益。所以，就算你不喜欢某个人，也不需要刻意处处针对他。实际上，交朋友是件非常简单的事情，只要你懂得为他人考虑、能够发现别人的优点就可以了！

019 犯错时不找借口

错了就是错了，千万不要为自己的错误找借口，要勇于承认错误。

这个世界上，并不存在什么十全十美的人，每个人都有可能犯错，犯错并不可怕，可怕的是知错不改，知错就改才是我们应该做的。不同的人对待错误的态度是不同的，有的人并不想承认自己的错误而为自己找各种借口；有的人则会为了掩饰自己的过失，不择手段地掩盖错误；但是，有的人却能够勇敢地承认，知错就改。

不久之前，爸爸在工作上犯了一个严重的错误，爸爸每天的工作很多，常常面临着巨大的工作压力，竟然因大意而忘记了一件重要的工作，这件事情还影响到了其他的同事。当我发现我犯了这么大一个错误的时候，便选择诚实地向同事们坦白，并且在道歉之后弥补了自己的过错。

如果当时爸爸撒谎了，狡辩自己根本就不知道发生了什么，你想后来会发生什么呢？同事们会因为不知道是由于谁犯的错而互相猜忌，相互推脱责任，把责任推给对方，对吧？你觉得爸爸之所以会主动承认错误，是因为当时的情况我开脱不了自己的责任而只好做冤大头承担责任吗？还是，你觉得爸爸是不是应该胆小地藏起来，假装什么都不知道呢？我想，我聪敏的女儿一定知道应该怎么去做。

最后，同事们谁都没有怀疑别人或是同事们之间的关系并没有发生什么改变，这主要是因为爸爸主动地承认了错误，而且我还真诚地向大家道歉了。虽然承认错误的确需要很大的勇气，但是你要知道只会推脱责任的人是绝对没有这样的勇气的。所以爸爸希望你也能够做一个勇于承担责任的人，这样大家才会相信你是个诚实的人，这样才能赢得大家的信任，别人也会放心你去做事。

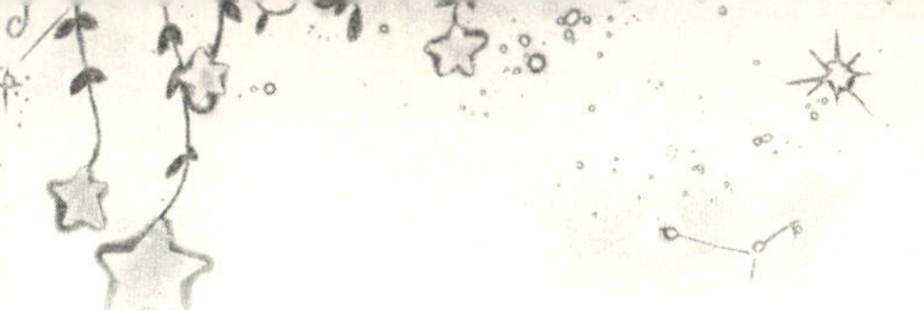

020 不要在背后批评朋友

在别人背后说他的坏话，也许短时间内别人会觉得你知道的很多，但是最终你会因为这件事失去朋友的信任。

世上的人有千千万万，各不相同，有的人聪明伶俐，有的人愚鲁蠢笨；有的人端庄大方，有的人却样貌不堪，你是怎样对待世间形形色色的人们的呢？我想你肯定不会因为对方有些愚蠢就嘲笑讽刺他吧？如果你这么做了，那么爸爸会很伤心的。希望你能站在对方的角度为他考虑一下，假如被嘲笑的那个人是你，你心里该有多么难受呢？一定会非常生气吧？想想吧，谁被这样对待会感到好受啊！

朋友之间相处，要有交朋友的准则，不能因为任何目的而出卖朋友，把知道朋友的秘密当做炫耀的资本是不对的，你非常可能因为这件事情失去朋友。所以，我们必须要对自己的话负责，说话要考虑后果，真诚地对待周围的朋友，才会让你赢得友谊，才会在你遇到困难的时候得到朋友的帮助。

人们都喜欢按照自己的想法随心所欲，都希望别人也能够赞成自己的想法，但是爸爸觉得这种想法太强人所难了，就像是要求别人的身高、体重都必须和自己相同，这又怎么可能实现呢？

如果你觉得自己非常优秀，那么请先学会谦虚地对待朋友吧！只有这样才会让人接受你，觉得你确实很优秀！

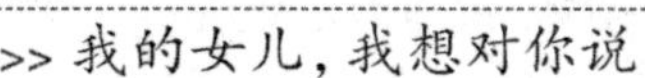

021 培养良好的适应力

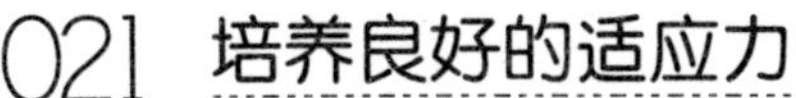

什么是“适应力”，就是不管你身处何方都可以快速适应环境的能力。

你知道吗？“适应力”可以算是人类的一项特异功能。当今社会飞速发展，科学技术的发展日新月异，万事万物都在飞速地改变着，所以，我们必须不断地改变自己，提高自己的能力以适应社会的发展。

爷爷和奶奶生活的那个年代，既没有飞机也没有收音机，就连汽车也是刚刚出现不久；更不用说什么太空探险、彩色电视、激光和电脑等等了，这都是爸爸生活的时代的发明，所以，在你生活的时代又会出现什么，我真的无法预言。

我唯一可以确定的就是社会的发展速度会越来越快，如果继续按照当前的速度发展下去的话，以前脑子里天马流星想到的事物，在不久的将来就会成为现实。实话告诉你，爸爸真的非常期待未来的世界。

所以，爸爸希望你不要只是将眼光留在过去，要多尝试着展望未来，努力提高自己的能力以适应未来纷繁复杂的变化，并且打开你的心门拥抱这个飞速发展的时代。当然，我更期待你能勇于挑战那些未知的世界，不断地严格要求自己；如果你思想顽固、不肯接受变化，就注定了你的失败。

我们没有办法展望20年后的地球会变成什么样子，所以，对于世界随时可能发生的变化我们要坦然面对，你要充分地相信自己，不断地茁壮成长，随时准备着迎接挑战。要知道，一个充满自信的人，是不会被未知的事物所打倒的；只有做好这样的准备，才能随时直面人生的挑战。

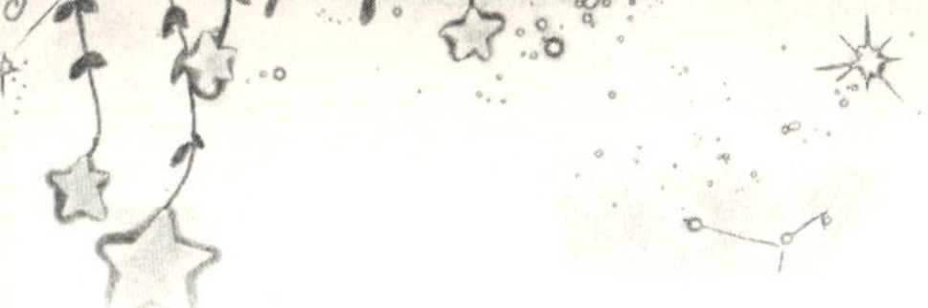

022 学会爱自己

爱就像一种传染病，唯有真正懂得爱自己的人才能得到别人的爱。

女儿呀！最近爸爸发现你对着镜子精心装扮自己，我才发现我的女儿打扮起来是这么的漂亮，爸爸每次看到你，都会有种“我的女儿真的长大了”的感觉，我为有你这么一个漂亮的女儿而感到自豪！

通过镜子我们可以看到真实的自己，相信镜子是绝对不会说谎的，所以，在这个世界上，再没有什么东西会比镜子更能真实地反映现实了。与人相处就像是通过镜子看自己的动作一样，当你发现他人遇到困难的时候，必须要及时地伸出援助之手。这就好比当你对着镜子吐舌头时，镜中的你也会对你吐舌头；当你用手指着镜子时，镜中的你也会用手指着你一样。

相信爸爸，爱也是一样的道理哦！如果连我们都不爱自己了，还会有谁去爱我们呢？当你讨厌自己、甚至对自己发脾气时，身边的人也会受到不好的影响；当你心情不好、耷拉着脸的时候，

你的郁闷情绪也会感染到周遭的朋友。就算你每天强调自己有多么地爱朋友，但是，当你这样对待自己的朋友时，这怎么算得上是爱他们呢?

所以，我们首先要学会爱自己，因为爱就像一种传染病，唯有懂得爱自己的人才值得别人去爱。

在爸爸心中，你就是这世界上独一无二、珍贵非凡的艺术品，每当看到你受到朋友们的喜爱，爸妈都感到无比骄傲。你要牢记，想要得到朋友的喜爱，你要首先学会去爱自己，要以一颗宽容的心去对待朋友，只有这样，你的人生才会精彩而美丽。

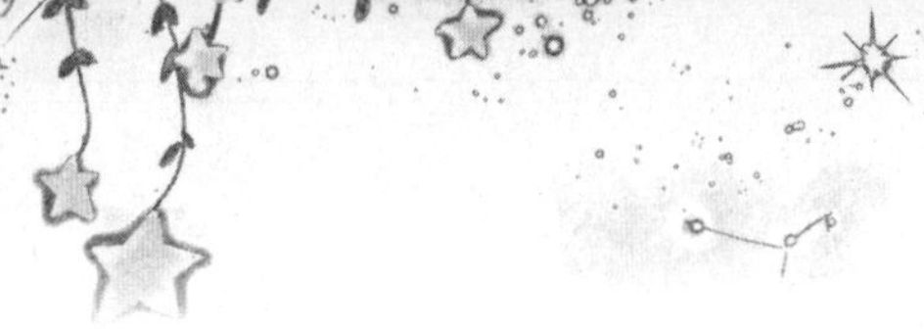

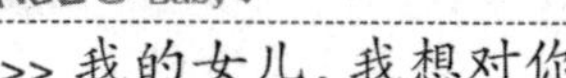

023 请主动付出爱心

你要相信对别人付出爱心是一件积德的好事。

什么是爱？爱就是给予对方温柔的眼神，在他需要时给出关怀；而且，爱是付出，不求回报，人在世上，总是无条件地付出爱心，上天一定会眷顾你的。当你觉得对别人付出爱心是一件很有意义的事情时，你也会得到老天的眷顾。

还记得我们家附近的客运站，总是有个拿着空罐趴在地上乞讨的残疾人吗？从现在开始，就算你身上只有一块钱也要想着帮助他，因为这是我们该做的，当看到别人很困难的时候伸出援助之手是正确的。

这和送礼物给别人的道理一样，不管礼物贵重与否，首先要看你的心意，真诚的礼物会让对方开心的。实际上，就算礼物很简单，只要是你真心送出的话，对方收到你的礼物也会视若珍宝的。

还记得爷爷说过的一句话吗？“真心为他人付出，最终会获得十倍的回报”，这是一句很有道理的话。要知道，这可是爷爷花费了几十年得到的珍贵的人生经验呢！毕竟，像爷爷这样让人从心底里尊敬的人少之又少，而且，这些道理是花多少钱也买不回来的无价之宝。虽然这很难做到，但是，爸爸还是希望你能够努力地向爷爷学习拥有一颗博爱的心，可不能只将你的同情心用在对你有帮助的人身上。

024 男女一样优秀

男生和女生要增深彼此之间的了解；当大家聚在一起共同分享彼此的想法、意见、梦想和不同点时，不用深究谁比较优秀。

一直以来大家就爱研究男生和女生谁比较优秀这个问题，但是，爸爸希望你能明白，其实男女是可以互补的。虽然男生的力气比女生大，但是，谈到耐力，女生就比较优秀了！虽然男生可以在 10 秒内跑完 100 公尺，可是女生更耐得住严寒。

古代曾有一段由女性统治世界的时代，在那个时期，负责孕育生命的女性是最受尊敬的，但是渐渐地有人提出男性更加优秀的主张后，女性的地位便逐渐下降了。

但是，我们不能认为“女生比男生差”，因为女生在很多方面要比男生的表现出色多了，例如面对紧急情况、诚实和吃苦耐劳的品质等，而且女生更加善良，懂得体谅他人。

男生和女生要增深彼此之间的了解；当大家聚在一起共同

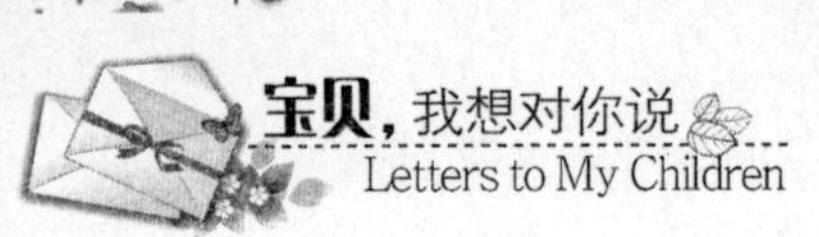

分享彼此的想法、意见、梦想和不同点时，就不用深究谁比较优秀。因为，当男女之间能够彼此了解并且包容对方的缺点时，原先的比较之心就会慢慢消失，男女就能和平相处了。

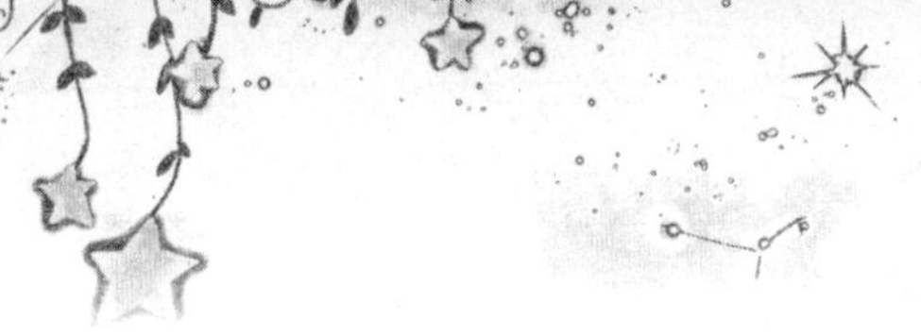

025 别让困境吓倒自己

我们的一生并不都是顺畅平安的，总会经历各式各样的困难，但是要相信最终我们会度过难关的。

之前的某一天，爸爸下班。回到家时看见你整个人蜷缩在沙发里，当时的我非常担心，以为你哪里不舒服，后来才知道原来你是因为第二天要考试，有些害怕的缘故。

后来，爸爸陪你念了几个小时的书，你告诉我读书是件很轻松的事情，那时，爸爸觉得你已经将课本内容念好了，除去那些你已经会的知识，其实你真正需要准备的内容并不多；只要你这样考虑，你就会觉得读书是一件很轻松的事情！就像有时候你认定一些事情你绝对不会做到，其实只要你试着尝试一下，你将会发现，原来不过如此。

谁的人生能够一直一帆风顺，我们要经历求学、踏入社会以及成为父母养育下一代等问题，但是，只要你具有坚定的意志力，就不用害怕这些困难。如果你只想逃避困难，没有战胜困难的信心的话，即使是再简单的问题你也解决不了，甚至会从此消沉

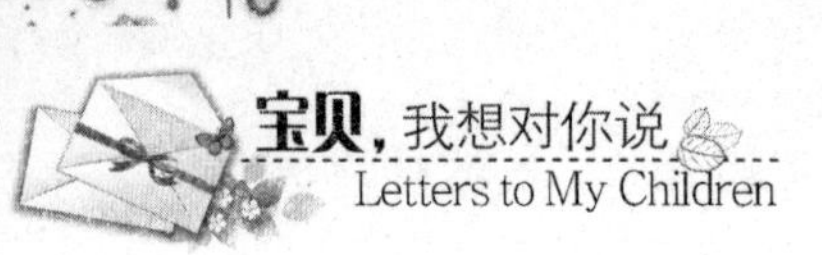

下去。

谁的人生中不会经历一些艰难困苦，但是，总有一天一切会回归平静，所以，千万不要觉得自己是女生就有什么弱点，爸爸希望你能有坚强的意志来面对一切困难。

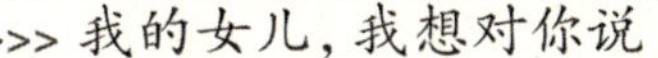

026 坦率地与异性相处

你该懂得如何坦诚地和男孩子交往，这样才会获得男孩子的青睐。

男生和女生存在着很多的不同，不论是喜欢的东西、热爱的事物还是对待事情的态度等，都存在着很多的差异，但是，千万不要以为这样男生女生就无法和平相处，也不要因为感觉到彼此的不同，就不愿意和男生交往。

男生和女生最大的差别就是男生从很小的时候就开始学习将来如何掌控自己的人生，而且，男生通常都认为，一个成功的人生是靠所拥有的财富与名誉来衡量的。

另外，男生们从小就得到的观念是“绝对不可以轻易表达内心感受”，所以，大人们通常会这样教育男生：“堂堂男子汉，这点儿小事怎么可以觉得辛苦呢？苦痛要自己忍受！”所以，真是受到了这种思想的影响才会有了男儿有泪不轻弹的说法。

是不是爸爸讲到这里，你该问了：“那到底该如何跟男孩子相处呢？”其实，只要真诚地和他们对话，并且给予真诚地回答，让他们知道男孩子也是正常的人，也有宣泄自己感情的权力。只要学着像这样和男孩子相处，他们就会慢慢地接受你这个朋友！

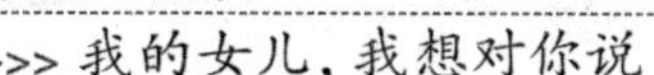

027 给初次面对月经的你

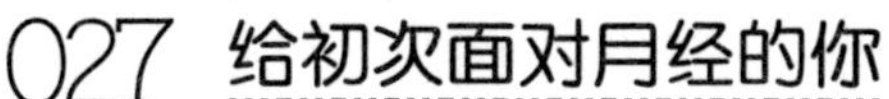

月经的来临，告诉你：你已经从女孩变成了一个成熟的女人了，而且你也可以孕育新生命了！

听妈妈说，你已经经历了女孩子生命中的重要一步；当爸爸听到这个消息时，真的为你感到高兴，真的想不到，看起来还像个小女孩的你，已经是个女人了！爸爸为你健康地长大了而感到十分高兴，你也是吧！

不过，听说你被这突然到来的月经给吓哭了，还好有妈妈在，她告诉你这都是正常的，你才慢慢平静了下来。

其实，月经的来临，告诉你：你已经从女孩变成了一个成熟的女人了，而且你也可以孕育新生命了！所以，千万不要觉得害怕，这是你人生当中的一件大事呢！人类就是因为不断地孕育新生命，才能生生不息地存在于地球之上。月经的到来，就代表着你已经具有孕育生命的能力了！现在，你应该知道自己了吧？

从今天开始，你对于两性之间的差异会有更多的疑惑，爸爸希望你能记得，当你心里存有疑问时，千万不要闷在心里寻找答

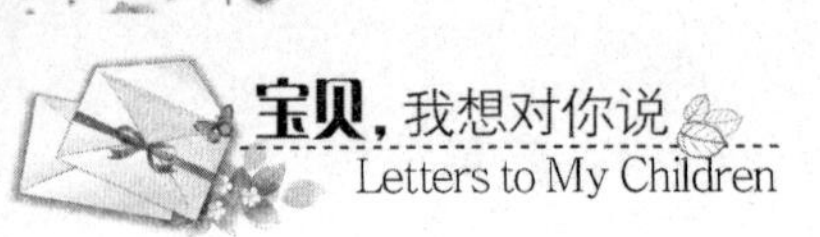

案，你可以询问爸爸和妈妈，千万不要觉得这有什么不好意思，也不要一直憋在心里；只有正确地看待问题，才能健康地成长。

最后，爸爸要在这里，再次祝贺你已经长大了，成为一个成熟的女孩子！

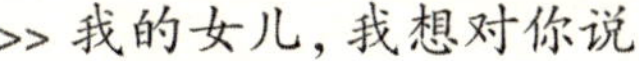

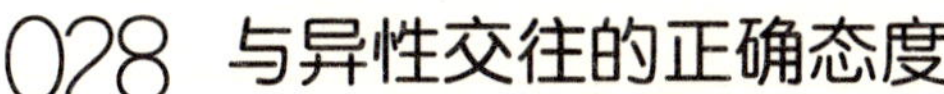

028 与异性交往的正确态度

如果你心里有所察觉，趁着时间还早赶紧离开。

爸爸问你，如果有一位男同学想和你成为好友的话，你觉得他应该做到什么呢？除此之外，你认为和男同学交往的话，需要具备同样的条件吗？爸爸希望你对于男生和女生具有不同的衡量标准，就算你觉得交朋友不过是件再简单不过的事情。

爸爸知道，在你这个年纪，却要你区别对待男生和女生是件困难的事情；因为现在的你，正处于对异性充满好奇的阶段。

不过，爸爸希望你做一个善良、明辨是非、聪慧的女孩，还要相信自己的第六感。“如果你心里有所察觉，趁着时间还早赶紧离开”，也就是说，当你觉得“他好像有一点怪怪的”时，就应该立刻和这个人保持距离，就算你想不明白他为什么这样也无所谓。

记住，一定要相信自己的感觉，因为人的第六感是非常准确的，关键时刻它可以保护自己。此外，你要乐观积极地与人相处，同时要学会观察他人，更要懂得关爱自己。

不论是男同学还是女同学，你都要从他的言行举止上判断他是否可以成为朋友。还有，跟男同学相处的时候，要真诚地和对方交谈，同时，也要仔细地观察对方，要以正确的态度对待异性。

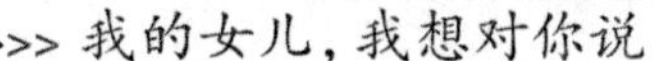

029 “一定要幸福”的义务

如果你总是默默祈祷自己能够幸福，想法就会慢慢地变成实际。

“我哪有这种好福气呀!”在日常生活中，我们常常会说这句话作为自己放弃快乐的借口，我想，这应该是因为在我们的生活当中，经常会有人这么对我们说：“你怎么会这么差呢?”或是“你这样是不对的!”之类的话。这些话就像是我们对自己说“我不行”或“我怎么可能会成功呢”一样的为自己的退缩找一个借口，甚至使我们在不知不觉中觉得自己不配拥有幸福。所以，爸爸要告诉你怎样才能远离挫折。

首先，你必须对自己有全面的认知。想想自己的生活开不开心？生活中有没有什么压力？还是只是自己看不开，或是自己盲目的给自己压力等；首先分析出自己为什么会不幸福，再想想为什么自己总遇到这种事情。

其次，坚定地告诉自己“我一定要幸福”、“我是天底下最幸福的人”，如果你总是默默祈祷自己能够幸福，想法就会慢慢地变成实际。有了这种信念，不但会让你觉得自己是幸福的，而且在今后遇到不幸的时候也会坦然面对；即使是面临失败，也会觉得那不过如此，你就会渐渐地拥有一个积极乐观的人生观。

假如你在做什么事情时，一开始就觉得自己做不到，或是觉得自己根本不行，最好的办法就是和别人讨论一下，所以，爸爸随时等候你的到来。毕竟，幸福的人生一定要靠自己的双手创造，所以让我们一起努力吧！

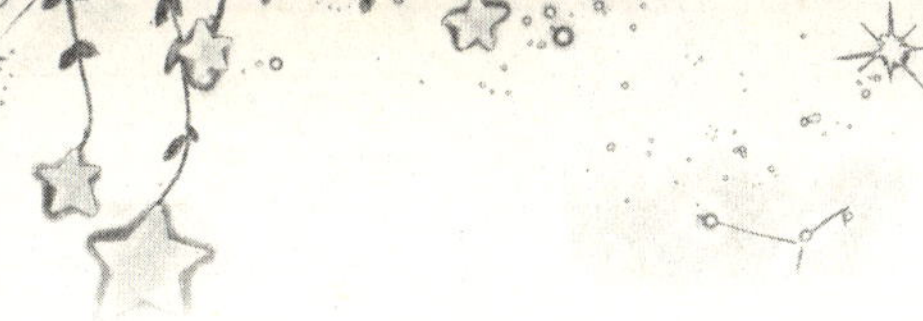

030 睡眠要充足

如果你觉得大脑混混沌沌，非常疲惫，那么我建议你还是睡一觉吧。

你最近看起来好像很累似的，爸爸看了非常担心。你知道什么是“疲惫”吗？“疲惫”就是指身体或头脑已经累到无法继续思考或是做其他事情了。举个例子，当我们搬东西时，刚开始觉得还可以，但是慢慢的，却会觉得没力气继续搬了，这就是我们的身体感到疲惫时会出现的征兆。同样的道理，如果我们的大脑太累了，身体也会吃不消的，这时，最好的方式就是休息一下！

休息的方法有很多种，我认为最有效的就是睡觉。医学证明，当我们用脑过度时，睡觉是改善疲惫的最佳方法。在我们睡觉的时候，身体会全部放松下来；等我们一觉醒来，身体就已经重新获得活力了。所以，如果我们缺乏睡眠，就无法提供身体所需的能量，第二天自然对身体有很大的影响。

你这个年龄的小孩，一天必须要睡足 8 个小时才可以，切不可为了看电视或是玩游戏而放弃睡眠，这样很容易造成睡眠不足使身体非常疲倦，第二天也无法集中精神学习，所以，爸爸希望你每天都能按时去睡觉。其实，你不需要睡太长的时间，只要保证睡眠的高质量就可以了。所以，每天睡觉之前一定要有个好心情。

总的来说，保持健康、消除疲劳的最佳方法就是睡觉，我想你应该很清楚其中缘由了吧！要不要从现在开始尝试一下，但是，也不要睡懒觉。

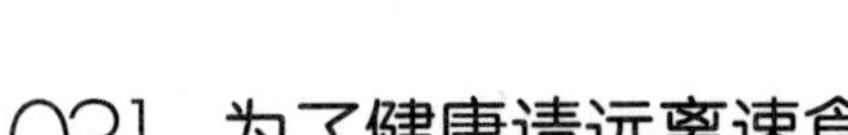

031 为了健康请远离速食

垃圾食物会使我们体内的营养不均衡，导致肌肉和骨头无法健康地成长，甚至还会引发肥胖。

你现在是生长的重要时期，看着你一天天地长高，爸爸非常欣慰。但是，有件事情爸爸还是很担心的，那就是你跟许多小孩一样，都喜欢吃垃圾食物，喜欢吃速食。

爸爸知道这种食物很好吃，而且简单方便，但是，这些食物通常含有很多对人体有害的防腐剂、色素以及人工调味料，而且，脂肪和碳水化合物的含量也很高；你现在正处在生长发育的重要时期，如果吃太多垃圾食物的话，很容易造成营养不均衡，导致肌肉与骨头无法健康地成长，甚至还会引发肥胖。你一定不希望自己变得很胖吧？

如果想要保持健康和营养均衡，就要多吃富含营养的食物，并且坚决拒绝一点营养价值也没有的垃圾食物。所以，爸爸希望你每天多吃些米饭、肉类和蔬菜类食物，至于含有脂肪的食物，只要达到必需摄取量就可以了。记住：千万不要暴饮暴食。

032 健康比身材更重要

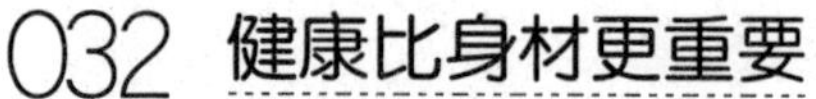

不要太关心体重，健康才是最重要的。

记得上次你照镜子时说：“我太胖了，我得减肥才行！”你的这句话可把爸爸吓到了，因为爸爸觉得你现在的身高跟体重完全符合你的年龄，没想到你会有这种想法。

我想，你一定是觉得身材苗条看起来才漂亮吧！千万不要有这种想法啊！

不要太关心体重，健康才是最重要的。你完全没有必要和明星一样，为了工作需要而必须拥有苗条的身材；只要你能觉得自己的身材很好就可以了，不要在乎别人的眼光。

但是，如果你觉得自己确实太胖了，已经影响到生活了，就应该主动找人帮忙，千万不要听之任之，一定不要放弃自己。

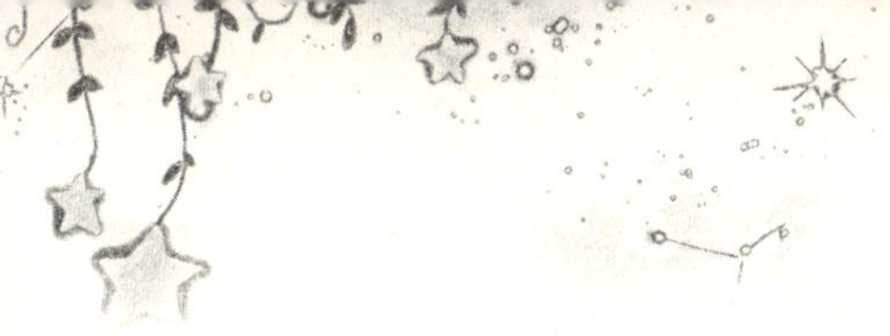

033 两性平等不是梦

为什么这个社会上男女的地位并不平等呢？那是因为自古以来，男性就觉得自己比女性优越，正是这种偏见造成了社会的不平等。

你一定也有这种想法吧？男女究竟有什么不同呢？其实，男女之间本身就是生来平等的，但是有的人觉得男女是不同的，甚至还有人觉得女人是来自遥远国度的人种，而这些想法便造成了社会上的不平等现象。

你觉得爸爸和妈妈之间的关系如何呢？我猜你一定会说："一样啊！"既然爸爸跟妈妈在家里的地位是平等的，那么，这个社会为什么要存在男女不平等的现象呢？其实，那是因为自古以来，男性就觉得自己比女性优越，正是这种偏见造成了社会的不平等。

就拿每年的三大节日来说吧！每到了这个时候，妈妈们都得忙着做菜，但是大部分的爸爸在一旁非常清闲，待在一边什么也不做，对吧？想想看，当妈妈们忙着做菜时，如果爸爸们主动帮忙，那又是一种什么样的场景呢？只可惜，男人总觉得这些工作应该由女人来做，一句“我不要”或是“我又不会做”后就逃之夭夭。

很多人对于性别差异都有着错误的认知，觉得男性是“力量、知识、文化”的化身；而女性不过代表着“顺从、感性和生命的孕育”，所以，倘若有些女人在工作上展现出她的天分时，人们就会批评她不温柔。所以，爸爸想告诉你，男人和女人是平等的，尽管在他们之间存在着很多的不同。

因此，爸爸希望世界上的性别歧视可以消失，为了我的女儿，同时也为了全天下的女性，爸爸会尽自己的力量削弱这种分歧。你会不会觉得爸爸很勇敢，要不要鼓励一下爸爸呢？

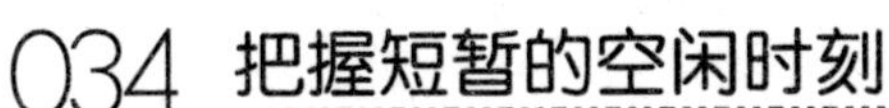

034 把握短暂的空闲时刻

时间如流水飞速流失且一去不复回，就算是点点滴滴的时间，我们也不可以浪费，因为时间就像海绵里的水，只要积累就能延长。

“时间就是金钱”这句话很容易说出口，但是，真正将其付诸实际的人却少之又少；特别是小孩子，因为年纪还小根本就意识不到时间的重要性，总是轻易地将时间浪费了。但是，对于爸爸这个年纪的人来说，时间就显得尤其珍贵了，所以，即使是点点滴滴的时间也不能浪费，因为只要将这些短暂或琐碎的时间累积起来，也可以积少成多。

那么，如何才能合理地利用时间呢？举个例子，从你放学到去补习班之前，中间有 30 分钟的空闲时间，你都会怎么处理这段时间呢？我想你应该会看电视或是打电脑游戏吧？

但是，假如是我的话，我会利用这段时间看一会儿书，当然不一定非要看与学习有关的书，就算是看看漫画也可以——因为好的漫画书也可以教会你很多的东西。所以，这样既可以放松一下，还学到了知识，当然，你也可以做其他有意义的事情，放松一下自己。

总而言之，爸爸希望你充分利用每一分、每一秒，你知道吗？爸爸有位很会利用时间的朋友，他甚至连上洗手间的时候，都会抽时间学习，正是利用这些点滴的时间他学到了很多的知识。虽然这位叔叔看的都是一些漫画或是休闲类的书籍，但是，至少他知道在别人无所事事的时候他会做一些有意义的事情。你是不是也觉得他是个很会利用时间的人呢？

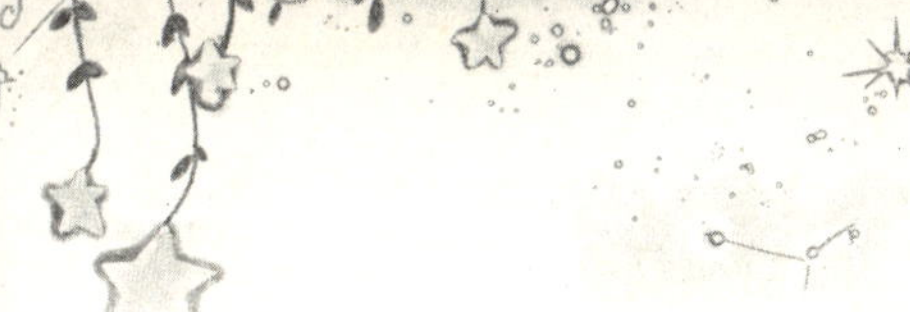

035 玩乐并不是坏事

如果你知道自己的爱好，那就放手去做吧！因为人只有在做自己喜欢的事情时才能真正开心。

还记得爸爸跟你说过玩耍也是一件很重要的事情？但是，之所以这么说也是有条件，那就是你必须对自己有充分的了解；如果你不明白自己到底在干什么，就无法从玩乐的过程中体会到真正的快乐，所以这样看起来根本是在浪费时间。

爸爸希望你每天都能快乐，但是，真正了解自己到底得到了什么并不是一件简单的事情。爸爸小的时候，也是天天都想着玩，可是后来觉得没有想清楚自己在干什么根本是在浪费时间，所以，从此之后不管干什么都要思考清楚。

“玩乐”是件很好的事情，但是，你必须懂得选择自己喜欢的游戏，一味地盲从别人或者模仿别人是不对的。

你做什么事情会感到很快乐呢？如果你知道自己喜欢什么，就放心去做吧！因为不知道自己究竟喜欢什么的人，什么都不好做好。

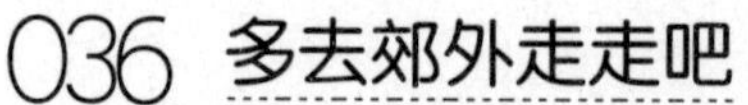

036 多去郊外走走吧

对于自然界我们要抱着崇敬的态度，不可以对大自然索要无度。

爸爸小时候最喜欢出去玩，我最喜欢带些吃的东西出去爬山，然后和朋友找些有意思的东西，有时甚至还会有种错觉，觉得自己仿佛变成了森林里的动物。每回到户外郊游，看看美丽的花草树木、万里晴空和碧绿的湖泊后，就会感觉心情格外的舒畅。

对于自然界我们要抱着崇敬的态度，不可以对大自然索要无度。每当大自然依照季节变换改变样貌时，万物也会依照季节的不同，学会适应大自然的变化。所以，人们才会说大自然是我们最伟大的老师，是我们生活中的好朋友；经常亲近大自然，这样会使你的心情舒，静下心来欣赏这个世界。

我们这个周末索性就出去爬爬山吧？不要总是待在家里看电视、玩电脑游戏，让我们偶尔看看大自然的美好、呼吸一下清新的空气吧！相信一定会让你有完全不同的体验！

037 学习正确的金钱观

从小养成正确的金钱观念，以便长大之后合理地规划自己的钱财。

你听过“视金钱如粪土”吗？这句话就是告诉我们不要太看重金钱或是物质等身外之物，也不要觉得金钱是最重要的东西。但是，金钱在我们的日常生活中仍然是非常重要的一部分。因为没有钱，基本的生活就难以维持，所以，一定的金钱还是生活所必须具备的。

可是，我们应该以何种态度对待金钱呢？只要是自己的钱就可以无所顾忌地挥霍吗？当然不可以！花钱也要有一定的规则！正确地说来是“正确使用金钱的方法”。正确的金钱观必须从小开始养成，这样长大以后才能合理规划钱财。那么，怎样才算得上是正确地使用金钱呢？举例来说，爸爸觉得只要和念书或是娱乐有关的钱都不应该过度节约。

智慧的人知道要从很小的时候就要学会合理地使用金钱，绝不随便花钱，而且，如果确定这件事情要花钱就不可以心疼，花

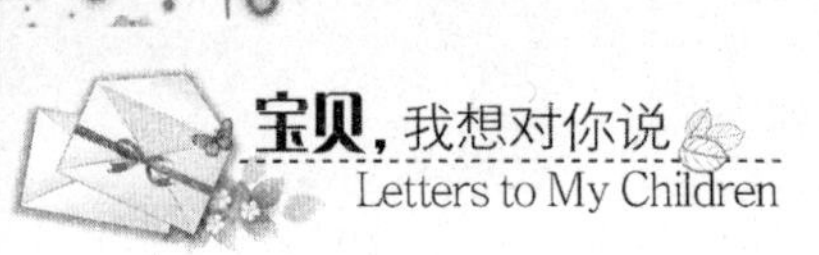

钱也是一件快乐的事情。但是，愚笨的人不这样认为，他们根本不知道何时应该花钱；钱没了，只能懊悔不已。人如果不知道合理地规划自己的钱财，就算是富可敌国，最终也会倾家荡产。这就是说明，若懂得把钱花在自己需要的事物上，不但可以满足自己的需求，而且还能有所收获！帮助你正确使用金钱的最好方法就是养成记账的习惯：只要将自己所花费的每一块钱都清清楚楚地记录下来，对于自己的花销就一目了然了！

还有，花钱的时候也要考虑别人的感受，你问我花自己的钱跟别人有什么关系啊？当然有！因为如果你能管理好自己的钱，那么你就有机会帮助别人呀！

例如，100 元对于我们来说根本算不了什么，但是，假如换成一个贫穷人家的小婴儿，却足够买一星期的奶粉呢！

虽然对你而言，这算不了多少钱，但是，对某些人来说却可以解决很大的问题；用你自己的钱来实现帮助别人的愿望，也是个不错的事情。当然，我们不能只在有闲钱的时候才帮助他人，在日常的生活中就应该养成勤俭节约的好习惯，这才是正确的金钱观！

038 通过历史来了解世界

人类的历史巨轮从未停止转动，要知道，你的人生也是历史的重要的一部分。

任何一个人种都有自己的祖先，人们都在继承祖先流传下来的有形和无形资产生活，然后随着时间的慢慢发展，自己的下一代将这责任继续。就像这样随着历史的车轮不停运转而传承下来的生活痕迹就是历史；人类的历史巨轮从未停止转动，要知道，你的人生也是历史的重要的一部分。

日常生活中你对于历史的了解，主要是来源于书本吧？因为我们无法让时光倒流，回到过去看看究竟发生了什么。

每一件历史事件的发生都有它的前因后果，但是，不要盲目地认为历史书上所写的内容全部都是正确的，也不要对于史书里的记载深信不疑；记住，在研读历史的时候，要结合当时的实际情况，而且，毕竟历史是由人来记载的，多少会加入自己主观的看法，所以，历史不一定和事实完全吻合。

所以，想要学历史，就要对当时的政治、社会及文化背景有一定的了解，并且养成按照自己的直觉对事实进行分析、研究的习惯。这种习惯和只是单纯呆板地读书相比，能够让你更加真实地看清历史，并且从中获得无穷的乐趣。

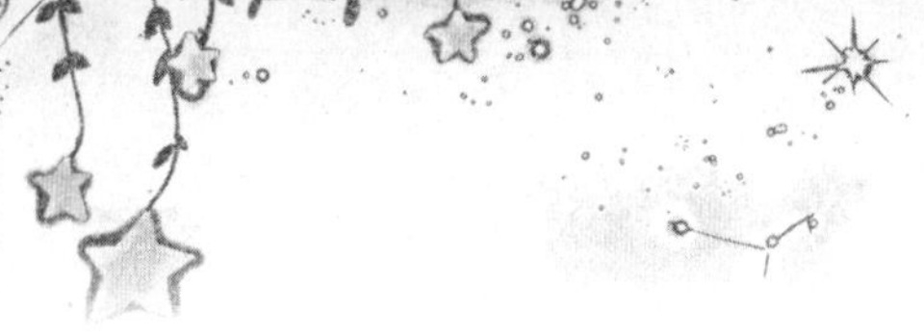

039 学习英文以拓展视野

世界是一个大家庭；每个国家所发生的事情都会对其他国家产生影响，因此，国与国之间需要共同的语言，而这个语言就是英文。

英文是美国与英国的共同语言。但是，我们所说的英文通常指的是美国人的语言。你知道，为什么各个国就爱要把英文作为共同的语言吗？这是因为美国是世界上最强大的国家，并以其丰富的资源引导全球的政治、经济、文化，各个国家不得已纷纷向美国靠拢，因此，以强国的语言作为共同语言就顺理成章了。

像你这个年纪的小孩，掌管语言的脑部活动非常活跃，学习外国语言显得非常容易，也就是说，年纪小的时候适合学英文，因为等到小学毕业、升上中学以后，掌管语言的脑部活动就会逐渐减弱，学习语言的能力也会跟着削弱，同时这也是爸爸执意让你现在就学好英文的原因。

你现在应该知道我们为什么要学英文，而且为什么要在这个年纪学习英文的原因了吧？

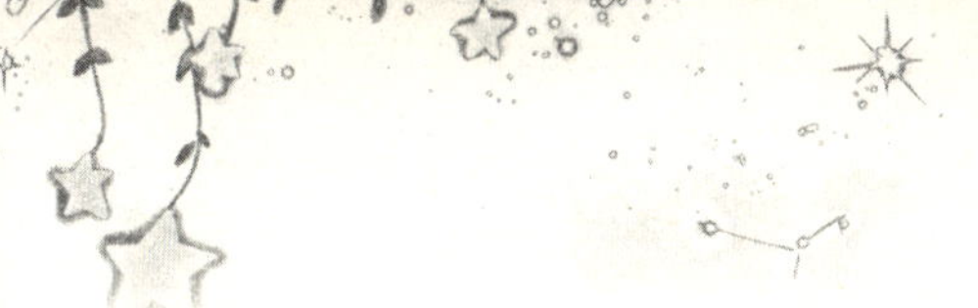

040 阅读书籍不应设限

博览群书，拓宽知识面才是最好的读书方式。

“书籍是精神的粮食”，虽然人们一直都在说这句话，但是，并不意味着读的书越多越好。看完之后，能够充分地吸收内容，并且灵活地运用学到的知识，才是最好的读书方式。也就是说，我们必须懂得活学活用，将学到的知识应用到自己的生活中才是正确的。

特别是你这个年纪的小孩，千万不要单纯地只看一类书籍，要拓宽知识面，接触文学、科学及历史类的书籍，博览群书才是最好的阅读方式。

爸爸平时观察你好像比较喜欢阅读科学方面的书籍，这并不是良好的阅读习惯哦！因为只看同一种类型的书籍，会让你的知识面变得很窄，有可能产生阅读上的困难，甚至让你产生读书无聊的情绪；另外，假如你一直看漫画的话，当你阅读一般书籍时，也会有类似的困难。

所以，爸爸希望你能从现在开始，要博览群书、拓宽知识面。

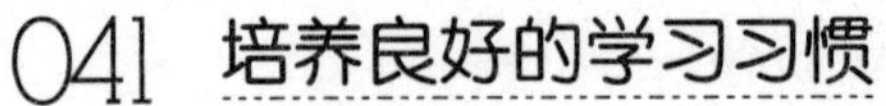

041 培养良好的学习习惯

充分把握上课时间，在课上认真听讲的学生才能真正地学好知识。

爸爸希望你能够健康地成长、变成一个坚强的孩子，希望你能够将重心放在学习上面，我想全天下的父母大概都是这么想的吧！爸爸这么说，并不是要求你的生活之中除了学习别无其他，而是希望你掌握高效的学习方式——如果你觉得爸爸的方法不错，那就尝试一下吧！

其实，只要看看你的朋友就明白了，现在的小孩子常会觉得单纯在学校学习是不够的，所以，很多人便会参加补习班，或是另外再买参考书来念，自己连跟朋友一起玩耍的时间也没有。每次一想到这里，爸爸就觉得很惋惜，要知道这么做不代表就能够学好习。

要合理利用时间，并且思考更有效率的学习方式才是最重要的。告诉你爸爸自己的经验，我觉得最有效的方法就是上课的时候认真听讲；你如果按照爸爸的方式去做，相信等到考完试之后，

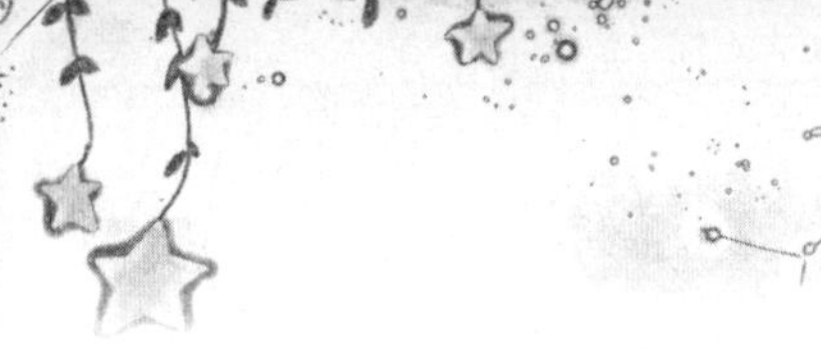

你就会知道爸爸这么说对不对了。就算你参加再多的补习班、买再多的参考书，如果上课不专心听讲，仍然无法提高自己的成绩；简单地说，只有上课时认真听讲的学生才能够把学习搞好。

另一个方法就是在考前要自己为自己制作一份模拟考题。在学校考试前，你要首先综合地看一下。刚开始你可能无法预料会出什么考题，但是慢慢地捉摸，你就会有所领悟。特别是上了高中以后，每门课程的老师都不同。如果在各个科目的上课时间里，你都充分利用时间，掌握全部知识不是一件难事。所以，上课的时候，认真听老师讲课，你会慢慢地发现考题的所在。所以，珍惜上课时间，比课下用再多的时间都有效。

最后，爸爸要提醒你，除了考前的准备外，平日的温习也很重要。还有，不要忽略平时的认真研究。养成在上课的前一天先预习即将要学习的知识的习惯吧！如果你能事先预习所学内容，你会更容易理解老师的讲解，这样也会将学到的知识牢牢地记住。到了考试时，就不用临场慌张了。

学习要自觉不要等到别人来督促你念书，只有你自己了解读书的目的，你自己体验学习的必要性，才能养成良好的读书习惯，爸爸希望你能明白这个道理，并且依照爸爸教你的方式念书，相信一定会事半功倍的！

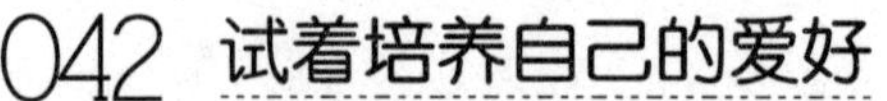042 试着培养自己的爱好 

培养自己的兴趣爱好，让生活变得更加充实！

爸爸要跟你讲讲爸爸年轻时的事情，记得爸爸在上了大学以后，一直很羡慕那些参加社团的同学，有一次，爸爸的同学在得知爸爸的想法后，就带我参加他们的写作社，因为我们两个有着共同的兴趣爱好，所以经常会互相交换彼此的文章，并且给予对方一点意见，就这样我们的写作能力不知不觉在提高，你知道爸爸那位朋友的爱好是什么吗？就是看辞典！你一定觉得怎么会有人的爱好是看辞典呢？有意思吧？爸爸刚开始也觉得非常好笑，但是相处久了以后，才知道他真的是这样的。由于爸爸从来没有想过要看辞典，总觉得自己说的话都是对的，所以，这件事给了我很大的影响。从那时起，我才了解到他是如何拥有这高超的写作能力的，而这件事也让我重新看待“爱好”这个词汇，有了很大的转变。

那么，爱好到底是什么呢？其实就是你对某一件事很感兴趣，很想认真地去做，这就是所谓的“爱好”。你的爱好会提高你在

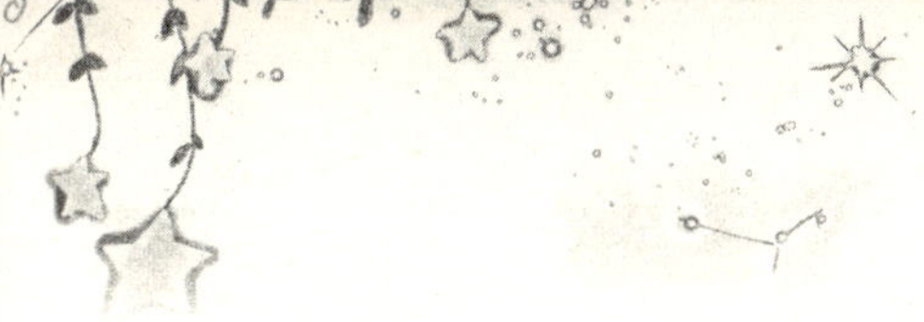

某些方面的能力，让你变得更加有才华。但是，大部分的人都觉得爱好应该是非常特别的，而这也让许多人因此有了借口，例如“培养爱好应该要花很多钱吧?”或是“都已经没时间念书了……”等。所以，很多人会觉得爱好其实一点都不重要。可是，只要看看爸爸的朋友就能知道，爱好不但不需要花钱，而且还能帮你节约时间。爱好可以让你充分利用时间，而且好的爱好对你日后找工作也会有帮助。毕竟，从事自己感兴趣的工作是件快乐的事情，而且也会让人感到满足。在求学阶段中，只会念书并不是完全正确的，所以，爸爸希望你不仅要念好书还能拥有一项特别的爱好。

043 永保一颗乐观的心

如果你觉得自己疲惫不堪想要放弃，一定要乐观对待，因为你的心态会对事情产生巨大影响。

爸爸想要告诉你，就算面临险境，千万不要受外界的影响，只有乐观向上的人才能坚持到最后的胜利。

乐观的态度是指不管遇到多么困难的事情，也不要草率为自己下结论说“我不行”，要不断地勉励自己，相信“事情会好起来”或是“我一定做得到”。

生活中有许多快乐的事情，当然也会存在同样多的困难；就像到郊外爬山一样，当你爬上山后当然也要领略下山的艰难！所以，不论是好事还是坏事，终有一天都会过去。

许多人就退缩，急着否定自己，这种态度要及早抛弃！虽然人在脆弱的时候，碰到许多事情都会感到挫折或是想要放弃，但是，逃避不能解决问题呀！

如果你这次的考试成绩不理想，而你只会唉声叹气的话，下一次的考试你也不会有什么进步。爸爸可以理解你难过失望的心

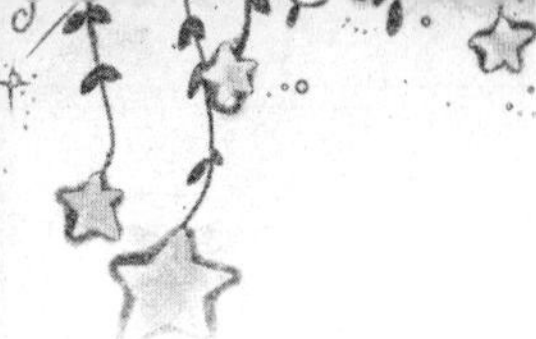

情，觉得辜负了爸爸妈妈的期望。但是，当你面对挫折的时候，仍然要乐观积极地对待，因为你的心态将会严重影响事情的发展，甚至会影响到事情的结果。

所以，我亲爱的女儿，如果你以后碰到这样的情况，记得一定要告诉自己“事情会好转的”或是“我一定做得到”，这样就会战胜困难。

044 勇于挑战自我

不管在哪里，富有幽默感的人总是会受到别人的喜爱。希望你也能试着改变成为一个富有幽默感的人！

这个世界永远都是喜欢挑战的人的舞台，不管你的身份、年龄，只要你有勇气挑战，机会永远会等着你。

不过，一旦到了爸爸这个年纪，可能就心有余而力不足了。记得爸爸在就读高中以前，从来没有想过以后要做什么，每天就知道玩耍。

有一天，我的老师把我叫进了办公室，当我走进办公室时，便看到爷爷、奶奶正在跟老师谈话，爸爸不是个好学生，所以，我便猜想一定是老师又在爷爷、奶奶面前打我的小报告了；可是，想不到的是，一直很信任爸爸的爷爷、奶奶，不相信爸爸是个坏小孩，反而责怪那位老师不信任我；就是因为这件事情，让我暗下决心，为了父母，也为了我自己，我一定要做一个优秀的人。

假如没有发生那件事，也许爸爸现在还过着浑浑噩噩的生活，不敢直面生活的挑战，所以，爸爸希望你能够和我一样，不论是为了什么，都要勇敢地接受挑战。希望当你直面生活时，爸爸的话能够帮到你。

记住爸爸所说的话，在你今后的人生中一定会对你产生深远的影响，你人生的战斗已经打响。

HELLO Baby

>>> 我的儿子，我想对你说

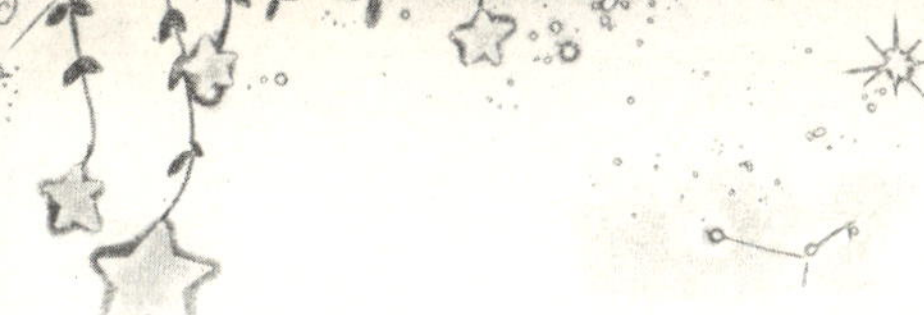

001 勇敢地表达自己的想法

恍然间你已经慢慢地长大了，变成了一个懂得表达自我感受的孩子了。假如你开始有了自己的想法，那么就应该懂得怎样向别人表达自己的想法，这种做法我们称之为沟通。简单地讲，沟通就是将你自己的想法同别人一起分享。

有的人虽然满腹诗书，却不会表达；有些人虽然没有足够的学识，但是他能够说出自己的心中所想，甚至可以用自己的语言说服那些学识渊博的人。在你生活的环境当中，一定存在这样可以清楚地表达自己想法的人，是吧？

那么，怎样才称得上优秀的口才呢？是不是仅仅把自己想说的话按部就班地陈述出来，就称得上好口才呢？

能够深深触动别人内心的话语，应该用很清晰、准确、富有气势语言，配合上适当的面部表情和肢体动作来说话，当然也不能让别人以为你在夸夸其谈！而是要让听你讲话的人能够全身的投入，明白你说话内容的重点。

平常阅读书报杂志的时候，假如书上出现了不错的句子，可以把它积累下来，以后在与人交谈时灵活运用，这就是一种训练说话技巧的好方法。当然，如果能够不是单纯的背诵，而是用你自己的习惯加以表达的话，更能够让这些语句成为提升你文化内涵的工具！

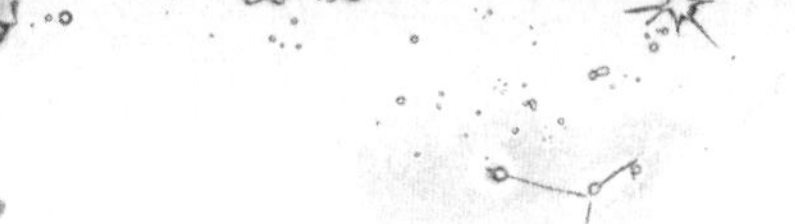

002 发挥你的幽默感

无论在什么场合，富有幽默感的人都是大受欢迎的人。希望你也能努力成为懂得幽默的人，有一个乐观的人生！

什么样的人才是富有幽默感的呢？是喜欢开玩笑的人吗？还是偶尔会表现自己的人呢？你的朋友有没有觉得你有幽默感的时候呢？如果还没有的话，爸爸希望你从今天起努力地变成一个乐观幽默的人。

那么有什么原因让我们一定要成为一个有幽默感的人呢？原因是这样的，幽默的人会有很多很多的朋友，因为和有幽默感的人在一起聊天，总是会充满了快乐。世上所有的人都向往拥有幸福快乐的生活，不是吗？

还有就是，经常和充满欢声笑语的人在一起，他们之间会拥有更多的共同语言，他们会越来越有默契喜欢上同样的事情，这样的互动方式能让他们产生归属感，而归属感能够为生活带来活力与喜悦。

希望你相信，无论在哪里，富有幽默感的人总是最具有吸引力的。希望你也能试着努力成为能够配合气氛、具有幽默感的人！

003 选择公平的方式与对手竞争

与对手竞争，成熟的人选择公平的方式。如果对方想用阴谋的方式对付你，那么你一定要坚持以平和的心态对待他。

你能够以平和的态度对待讨厌你的人吗？虽然每个人都知道知道这样做是正确的，却很少有人能够做到。尤其是小孩子，因为你们还很单纯并不成熟，总是因为一些小事牵动情绪做出冲动的行为，要小孩子平和地对待事物、坚持原则的确很难。但是，爸爸希望你能将这些人当做对手，但是你要明白，“对手”与“敌人”是不同的概念，如果把对手当成敌人的话，往往会放弃了原则争取胜利，就无法保持公平了。

首先你要永远铭记，好的对手将会促成你的成功。比如说你在班上是第二名，拼命努力想要成为第一名，然而第一名的同学，他还想继续得第一名，所以会更加努力。在这种良性竞争下，你们两个人都会进步。

与对手竞争，成熟的人选择公平对待。如果对方想用阴谋的方式对付你，那么你一定要坚持以平和的心态对待他，这样才能

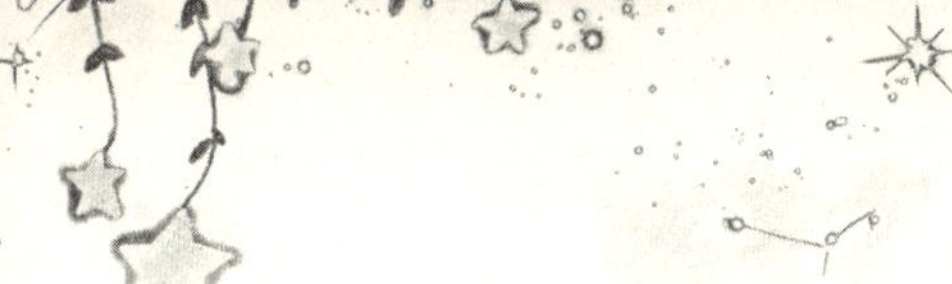

使自己成长。通过公平的竞争而获胜的人，才会得到大家的认可成为真正的胜利者。寻找一个好的对手，试着努力去用公平的方式获胜吧！这样，你一定会收获很多。

希望在你未来的人生旅途上，总是能够以平和的心态公平地竞争。

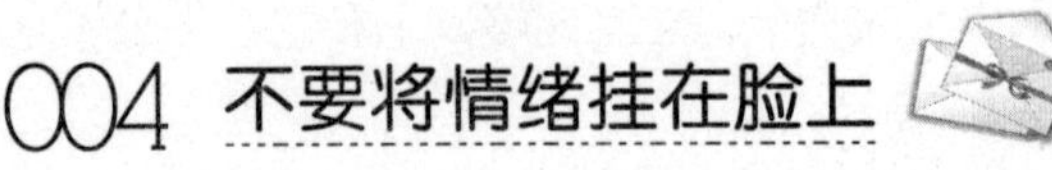

004 不要将情绪挂在脸上

在生活中，在待人接物方面有一点千万要牢记，就是擅于掩饰自己的情绪而不要轻易地发泄。

不要将你的情绪宣泄在表面上，这在日常生活的待人接物方面显得尤为重要。譬如：有人对你说了并不友善的话，就立刻情绪爆发；或者听了好听的话，表情马上就变得很高兴，这都不是庄重的仪态。那样的举动会令对方觉得你是一个没有内涵的人，一些图谋不轨的人就会利用你的这些弱点来达到目的。

如果你是一个容易将情绪外漏的人，不要找借口那是天生的性格使然，而是要下定决心，尝试着改变成为一个稳重的人。

想要知道爸爸的秘诀吗？

爸爸在生气时，从来不会由着自己的脾气愤怒地指责别人，我会尝试努力让自己先静下来，而且尽量不要让愤怒的表情浮上脸颊。爸爸一直以来都选择使用这种方法，所以现在无论面对多么不愉快的情况，我也不会在脸上表露出太多的情绪。

同样，假如对方是个喜形于色的人，那么你绝对不要因此而利用别人的弱点，应该要试着站在对方的立场上多想想！

005 学习朋友的优点

就算是再优秀的人，也无法达到完美的程度，即使是看起来平凡的人，也有值得学习的优点。

你会为了显示自己的优越，而选择嘲讽你的朋友吗？如果你的朋友比你拥有更多的优点，他比你还要优秀的时候，你会怎样想呢？

所谓朋友，就是能够与你互相帮助、取长补短的人。因此，如果你想让别人觉得你很优秀，就要你的朋友那里学习他的优点，吸取他的长处。

好好地去向你周围的朋友学习吧！就算是再优秀的人，也不会达到完美的程度，即使是看起来平凡的人，也有值得学习的优点。但是没有必要一味地学习他人，而放弃了自己本身的独特性，保持你的长处，同时向朋友取长补短就可以了。

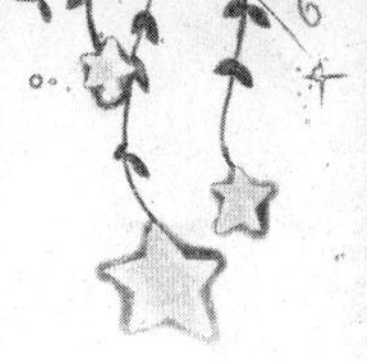

006 多替别人着想

假如你发现了别人的特性，要帮助他将他的优点多多地呈现在大家面前，但是关于他的缺点，你要悄悄地告诉他，帮助他改正。

怎么做才能让别人感到快乐，而让人欣赏自己呢？如果想要带给别人快乐而不是让他生气，想要别人多夸赞你而不是责备，想要得到更多的喜爱而不是被讨厌的话，那么首先就要懂得去理解别人。因为别人也和你一样，想要给与别人更多的快乐，想要得到更多的夸赞，也想要得到爱。

真的做得到吗？其实并不困难。只要设身处地为他人着想，去理解他们的想法，并且真心关怀就可以了。每个人都有属于他自己的特点，你也总是具有你独特的特质。但是，如果你不多花一些心思在别人身上，也许你就不会发现别人不一样的一面。

如果你发现了别人的特质，要帮助他将他的优点多多地呈现在大家面前；但是关于他的缺点，就要在没有人的时候，悄悄地告诉他让他改正。如果你总是能够像这样设身处地为别人着想，

让别人不要处于尴尬的境地的话，人们就会喜欢和你交朋友，觉得你是一个值得交往的好人。因此，如果想要和某个人成为朋友时，首先要深入地了解对方，努力尝试发现对方的优点并让对方知道。

前面我已经说过了，每个人都有自己的优点，人们都渴望得到别人的赞同，所以你如果能够满足对方的心愿给予适宜的赞美的话，他就会真心结交你这个朋友。不过，也不能一味地称赞对方的优点而故意忽略他的缺点，那不是对待朋友该有的正确态度。

每个人都应该对自己有一个全面的了解，所以不要总是只看别人的缺点却忽略了自己，这样势必引起不良的后果。爸爸觉得，在对别人身上发生的事情指指点点之前，首先要明白他为什么会这样！这么做才能够有机会去帮助别人改正缺点，也才能算是一个真正为他人着想的人喔！

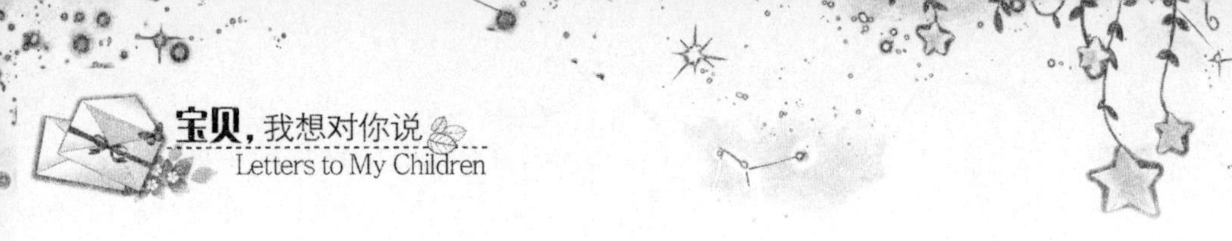

007 专心做好每一件事

当你无法将所有的精力投入到一件事情当中时，就无法解决这件事，更不能将这件事情做好。

怎样才能做到专心致志呢？我们生活在这个世上，生命中总会有很多的事情牵动我们的心弦，引起我们的重视。但是，要将每一件事都做到十全十美可并不简单，所以你要充分把握你面对的每一件事，充分评估自己是否能够将他们做好，对于一件事只要你有把握能够做好就一定要全力以赴地去做。

对待游戏也要和读书一样认真，全身心的投入才能体会到游戏的乐趣。如果无法全身心的投入去做一件事，就无法将事情做好，也不会取得任何的收获！要全身心的投入去做一件事情，不管这事情是小是大。例如：当全家人高高兴兴在一起聚餐的时候，而你却不合时宜地拿起漫画来看，会发生什么呢？如果你这样做，一定会让同桌吃饭的人感到尴尬甚至可能会生气的！

而对于你自己来说，你一心两用，那么你也不会把两件事情都做好，极有可能不小心把饭粒掉在漫画书上，或者把青菜掉进

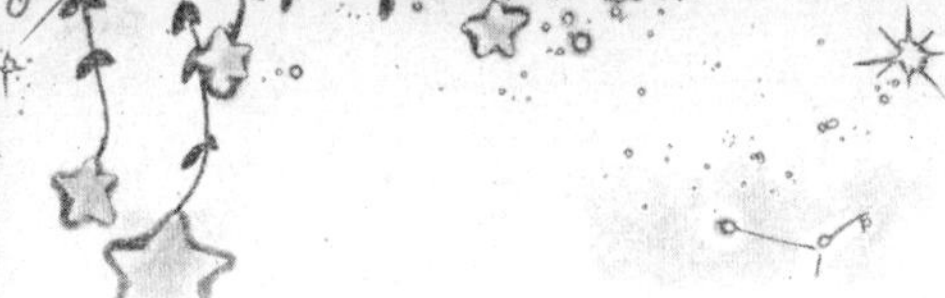

汤里去，这样一来，家人就很可能抱怨你粗心的行为。所以，做事情就要一心一意，吃饭的时候专心吃饭，看书的时候就认真地去看，这样做既不会打扰到别人而且能够专心地完成自己的事情，何乐而不为呢？

有时候，你会觉得你的一天过得非常充实，但是当你静下心来细细地想一下，好像根本连一件事也没有做好，这就说明一直以来你根本就没有全身心的投入地去做一件事。甚至是在平时的谈话当中也是一样的，没有去认真倾听，而过多地花费精力在一些根本就没有意义的事情上了。如果你总是这样做，和你一起谈话的人，就不想再和你交谈下去了。

所以，当你学习的时候一定要全身心的投入，和别人交谈的时候就要认真地倾听尊重别人，玩游戏的时候就开开心心地玩。

008 让别人对你印象深刻

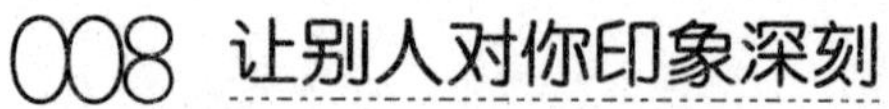

一个非常优秀的人，尽管非常优秀却不能给别人留下深刻的印象，这样别人就没有办法去深入了解你了。

人缘好的人，通常是一个在各方面都很优秀的人。相反，别人敬而远之，尽管饱读诗书非常有学识，但是别人根本就不愿与之交往。

这样来跟你解释，假如有两栋建筑物，第一栋建筑物非常坚固，任凭风吹雨打都是岿然不动，尽管它并没有华美的外形；第二栋建筑物的安全则完全不能保证，但是人们在建造它时却把它建筑得异常华美。那么你会怎么选择呢，是坚固安全的还是华丽壮观的呢？我想一定是第一栋建筑物，对吧？

而做人也是一样的道理，假设有一个人虽然他学习并没有多么优秀，却是个善良热心肠的人，总是面带微笑乐于助人；而另一个人尽管成绩非常优秀，性格却非常孤僻，自私而又小气，总是冷漠地对待别人。你会选择谁来做你的好朋友呢？当然是善良又常微笑的人，不是吗？

一个非常优秀的人，尽管非常的优秀却不能给别人留下深刻的印象，这样别人就没有办法去深入了解你了。而想要使自己成为一个非常成功的人，就是注意自己的形象，要给别人留下深刻而良好的印象。孩子，你要永远记得，随时随地都要做一个知书达理的谦谦君子，要真诚对待每一个人。

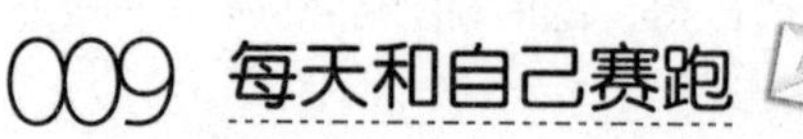

009 每天和自己赛跑

要信守诺言，做到自己要做的事，去做值得你去做的事情，这样比站在一边去看别人做更有意义。

如果你要是问爸爸，这世上有没有非常简单就能够将别人打败的方法呢？与别人竞争并不是一件坏事，人们都要在竞争中进步。人人都喜欢悠闲惬意的生活，都想每天无忧无虑的，所以生活中时时刻刻都要面对无尽的挑战，人们都不会喜欢这种充满压力的生活。

生活中最难以战胜的对手就是我们自己，因此我们要在这战争中取得胜利！信守诺言，完成自己订下的目标，这比站在一边看着别人去做更有意义。如果你能够首先战胜自己，那么世上就再也没有令你畏惧的对手了。

爸爸平时看你的日常作息发现，你们现在的小学生可是要念太多的书了，这也证明，在你们小学生之间就已经存在竞争了。不知道你有没有想过这个问题："哎呀！如果我再早出生个 50 年，也许就不用这么辛苦地念书了！"要知道，每当爸爸读书读得很辛

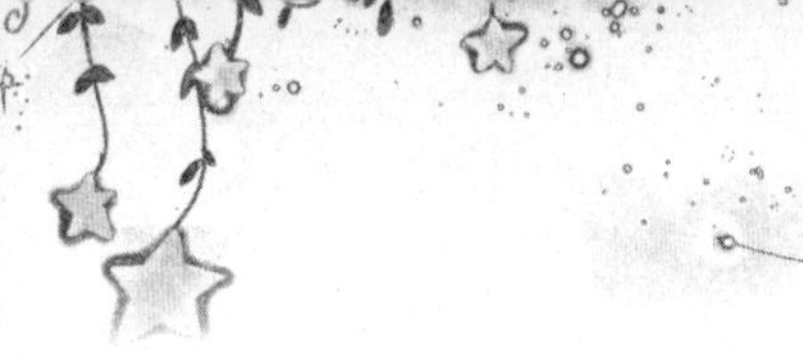

苦的时候爸爸也会这么想。

但是，50 年前的小学生也有压力啊，压力并不是来自于功课而是为生计所迫。因为那个时候生活实在是太困难了，我们都要为下一餐该如何解决而苦恼，读书根本就不是生活中重要的事情。

爸爸想起一位得到马拉松比赛冠军的选手，在接受访问时曾说过："比赛的时候我想的并不是赢过身旁的对手，而是要战胜我自己，捍卫我自己的尊严。"

010 勤劳是最棒的品质 

一个人也许天生就生活在一个贫穷的家庭，但他是一个勤劳的人，因此他可以靠自己的双手创造财富。所以，在爸爸看来，这个世界上最宝贵的财富就是“勤劳”。

这个世界上最受人唾弃的人就是懒惰的人。爸爸常常告诉你要乐于助人，但是，更重要的是你要分清他是不是值得你去帮助，那些在大街上的年轻乞丐，你知道为什么不值得帮助吗？因为他们拥有健康的四肢，却想不劳而获，靠别人的救济。

即使是富可敌国的富豪，也必须要勤俭节约，财富终会枯竭，只有劳动可以创造无尽的财富；同样，对于家境贫寒的人来说，从小勤劳勇敢，终有一天他可以创造出无尽的财富。因此，你要相信，只有勤劳才能创造无尽的财富。睡懒觉，做事拖拖拉拉，总是借故拖延，这都算是懒惰的证据。勤劳的人起得早，该做的事情会马上动身去解决。如果你能够始终做一个勤劳的人，相信你未来的生活一定会是幸福的。

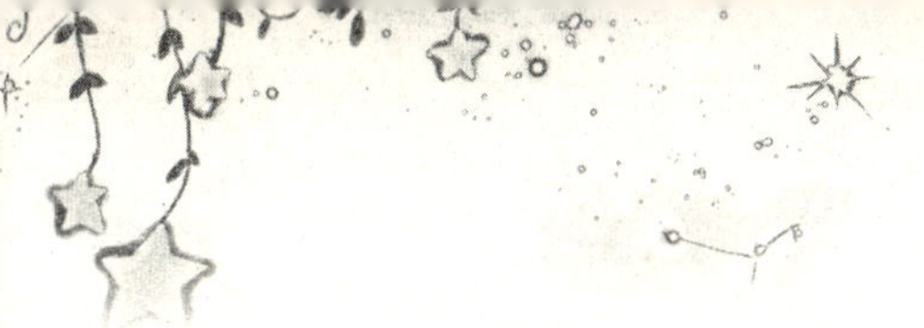

011 永保专心、恒心、好奇心

对任何事情都充满了好奇心，做事拥有专心与恒心的话，即使是做一件困难的事，也能保证马到成功。

爸爸现在有时候会觉得后悔，为什么当初就没有拥有恒心，把一件事情有始有终地做完呢？而且现在爸爸有时看你对很多事情有的只是冲动时，不禁想起，爸爸曾经也和你一样，不能下定决心认真去做某一件事，而且没有坚持自己的原则而盲目地追随别人；但是，当你的好奇心没有了之后，就会放弃掉原来做的事情。如果这就是我们的童年，倒是有许多不同的经历。

爸爸知道，在你的这个年纪，总是充满了好奇心，所以很难要求你对待一件事非常认真。但是，假如你既拥有旺盛的好奇心又拥有专心与恒心的话，那么面对重重险阻，你一定能够取得成功。

想要朋友们肯定你，得到长辈给予的赞许，这些都会让你对自己充满了信心。为什么呢？因为想要受到肯定，想要被称赞，就会更加严格地要求自己。

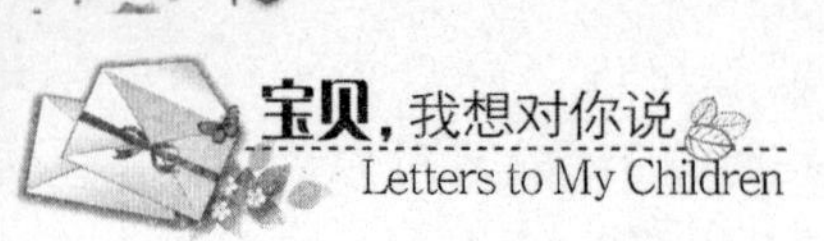

爸爸希望你无论何时都拥有恒心。对待任何事情，都投入你专注的恒心；也希望你能够好好地完成每一件事，从而得到别人的赞赏。

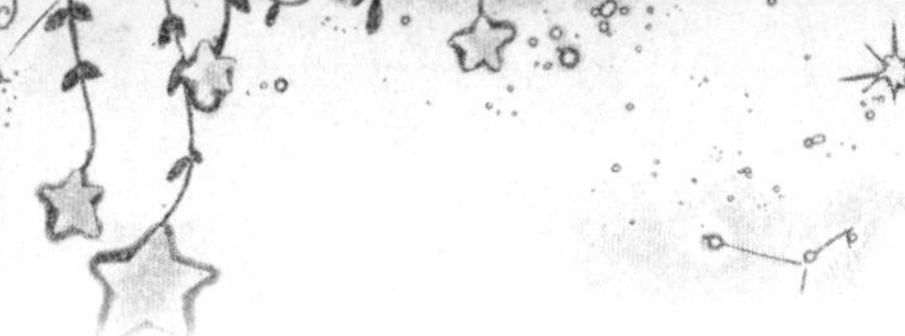
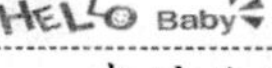

012 谦虚的人会受到大家的喜爱

不管你聪明与否，谦虚待人的人，总会得到别人的爱与尊敬。

“越是成熟的稻穗，头就低得越低”，这是几天前听到你说的话，爸爸听了真的是非常欣慰。这句话是学校老师教的吗？要知道这可是一句至理名言，让爸爸来解释其中的含义吧！

事实上，你是个聪明而又乖巧的好孩子。所以不只是爸爸，大家都经常夸赞你。如果你能够用功念书从而取得好成绩的话，就会得到更多称赞。

但是，孩子啊！不论你多么聪明，如果你是个骄傲的人，那么你就无法得到别人的爱与尊敬。

你应该知道，在这世界上厉害的人很多，每个人都有他擅长的一面。因此，在任何人面前炫耀自己的行为都是非常可笑的。

真正的强者，对自己有着充分的了解。这样的人不会盛气凌人地对待别人；他对待别人非常的和善，对自己却是严于律己。

人们都想得到别人赞许的掌声，即使你已经做对了很多的事情，认为自己是一个非常有成就的人，也要懂得欣赏他人。这样一来，无论你身处何方，都会得到大家的欢迎的。

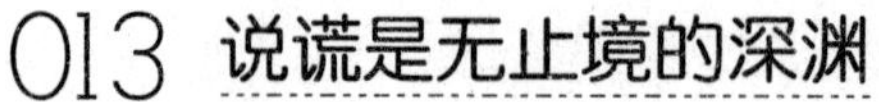

013 说谎是无止境的深渊

说谎是一种可耻的行为，因为欺骗会将人与人之间最重要的“信任感”击碎。

当你说谎的时候，爸爸都会感到很伤心。想想以前，祖母也是这样教育我的，当爸爸对祖母说谎的时候，她就会非常生气地打我！这样一来，我明白我做了多么令人难以原谅的事情，祖母是多么的伤心，于是我下定决心，再也不对任何人说谎了。

说谎是一种可耻的行为，谎言会将人与人之间最重要的“信任感”击碎。但是还有比欺骗更可恶的事情，就是欺骗了自己的良心，因为良心被污染了根本难以恢复。而且，说谎就像是无底的深渊，为了要使谎言不被拆穿，就需要用更多的谎言来掩饰它，最后甚至走上了犯罪的不归路。

就算坦白对你没什么好处，你也要坚持做一个诚实的人，这样就可以防止错误的发生。尤其是不要对大人有所隐瞒，我们大人们都是从你们这个时期走过的，我们理解你们的想法，知道你们的想法，很容易就可以拆穿你们的谎言。

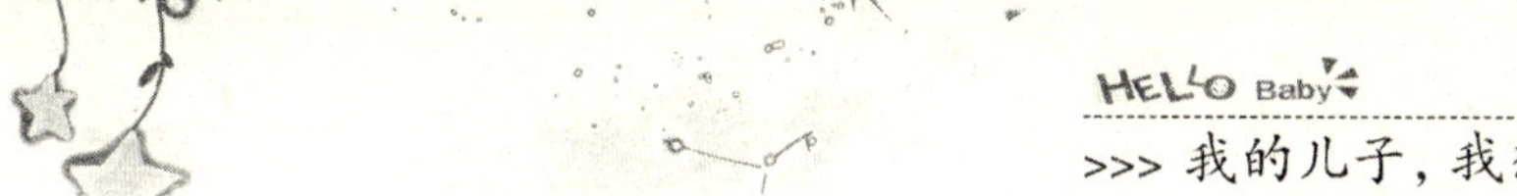

也许你听说过“善意的谎言”这种说法。这样做是不想伤害别人不得已而为之。但就算是善意的谎言，也不是叫你无所顾忌地说谎，因为可能会有第二者或是第三者，并不知道事情的真相从而受到伤害。

所以，爸爸希望你不管在什么样的情况下，都能够坚持做一个诚实的人。撒谎，一旦陷入将无法自拔。

014 全力以赴的意志

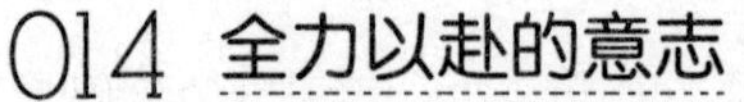

人们常说“自助者天助之”。无论你想要做什么，在还没有成功之前，就不要有丝毫的懈怠，要勇往直前。

你是否有过为了目标全力以赴的时候呢？你达到目标了吗？上次爸爸给你买了一本非常厚的书，你很快就全部读完了，而且告诉我读完那本书以后产生了自信心，我听了真是非常的高兴。

如果你决定了读完一本书，那么就要坚持把它全部读完！今天订好了目标要读完哪些部分，就要全力以赴。

人与动物最大的区别，就是人具有“意志”。不管是像你这样的学生，还是像爸爸一样已经工作的大人，都必须具有坚强的意志，这样才能实现自己的梦想。

这世界不是属于单独某个人的，它属于我们所有的人，所以在达成目标的道路上必定充满了艰难险阻。而在这过程当中要不怕困难，朝着目标不断地努力，这就是“意志”。

你一定听说过人称“台湾经营之神”的王永庆吧，在这之前他只是个平凡的卖米小贩。当时他为了要和隔壁那家日本米店竞

争，王永庆十分重视米的品质，而且懂得关心客户的需求；他始终坚定地朝着目标而努力。不久后，王永庆米店的收入就远远超过隔壁那家日本米店了。

王永庆能够从小小的米店发展到今天的台塑集团，并不是简简单单就成功的，在他的传奇人生中，处处充满了艰难险阻，但是他从未放弃，凭着坚强的意志，在生命的激流中奋勇拼搏，最终才创造出属于他的奇迹！

再给你讲一个爸爸小时候同班同学的故事。当时我的一位同学，他的家庭条件优越，所以他并没有什么烦恼，可以安心读书；但是，另外的一位同学家境贫寒，所以他不得不到工厂去打工。

30 年后，那位衣食无忧的同学只是个平凡的公司职员，而那位不得已而离开校园的同学却当上了大工厂的厂长。

爸爸是这样想的，优越的生活环境也许会消磨了人的意志。所以，在良好的环境中，更加难以静下心来学习，因此完全没有必要羡慕那些生活条件优越的小朋友，反而要将你所欠缺的条件，转变成你前进的动力。在艰苦卓绝的环境当中，始终坚持不松懈的自信心，是人生最为宝贵的财富。

小时候的爸爸，也没有坚定不移的意志力，所以姐姐们常常会当面斥责爸爸说："你为什么那么没有耐心呢?"每当被骂的时候，我总是感觉非常伤心，甚至当场就大哭起来。

爸爸 12 岁的时候，有一天又因为受到姐姐们的斥责而大哭，无论姐姐们如何安慰我，我都不为所动哭个不停，之后我独自一人走了 10 公里的夜路回家。

就是这次特殊的经历改变了我，从那以后爸爸就变成了一个意志坚定的人了。

“这么可怕的夜路我都可以独自走过，这世上还有什么可以吓到我呢?”不知你是否也有过同样难忘而又珍贵的经历呢?

俗语说得好：“自助者天助之”。所以，不论面对什么样的事情，你都要向着目标全力以赴。

意志力薄弱的人，难以实现梦想。爸爸希望你在今后的日子里能够拥有坚强的意志力，来面对人生路上的各种挑战。

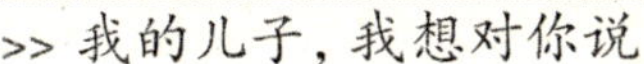

015 正义的守护者

爸爸希望你长大以后，能够做一个坚持正义的人。

你认为正义是什么呢？拥有正义感的人，到底是什么人呢？从那些有趣的故事书中我们可以得到答案，举个例子吧。

故事中的主角，总会被人们称为“正义的守护者”，这是因为他们不关心个人的得失，却处处为别人着想，甚至为了保护他人的利益而献出了生命，或者是一辈子都在为了坚守正义而努力着。

但是，在我们生活的周围，究竟有多少人拥有这种宝贵的正义之感呢？在你眼中，究竟有多少有正义感的人呢？

在当今社会上，绝大部分的人，首先考虑的通常都是自己，而不是他人。但是，只要你细心观察，你还是会发现仍然有许多为他人着想、坚持正义的人。但是，他们并非像故事当中描述的主角一样，样子好看还无所不能；相反，他们只是一些普通的平凡人，甚至他们常常要为生计所迫。

难道这是他们的职责，他们必须要做吗？不是。他们这样做

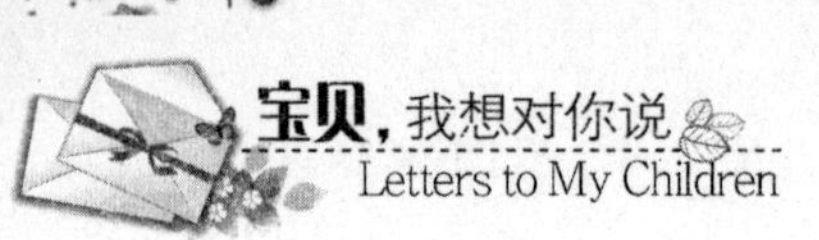

只是因为他们拥有正义之心。想想你是否也拥有这样为他人着想的高贵品质呢？爸爸希望长大成人之后的你也能做一个坚持正义的人。

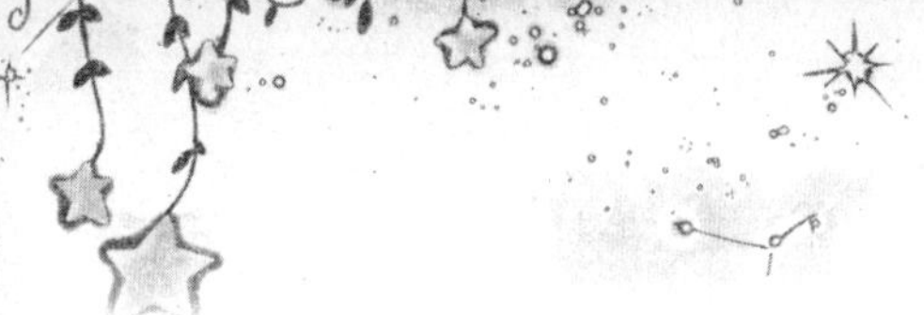
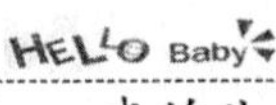

016 智慧从经验累积而来

面临困境必须要作出两难的选择，身处险境想要重获安全，在这些时候智慧对你来说是尤为重要的。

历史上最为智慧的人中的第一人选，就是所罗门王。从前，国王管理国家必须要决断所有的一切，因此所罗门王也肩负着法官的重任，他是个充满了智慧的人，总是在人们感到混乱时评判是非。让我给你讲个故事吧！

当时，有两个女人为了争夺一个小孩而争执不休，于是所罗门王把这两个女人请到宫里进行询问。两个女人都讲了一段和孩子之间的故事，听起来都很真诚，根本分辩不清楚到底谁才是孩子的母亲。所罗门王略微沉思了一下，对两个女人说："你们一人拉住小孩的一只手，谁能把小孩拉到自己身边，那小孩就是谁的！"于是，两个女人按照所罗门王的命令，一左一右地拉着小孩的手。小孩被两人用力地拉扯着，因为疼痛而大哭起来。听到这样的哭泣声，其中一个女人便不忍心稍微松了手，另一个女人则趁机将小孩拉到自己身边。

最后，所罗门王却把小孩判给了那个中途松手的女人，因为真正的母亲是不忍心伤害自己的孩子的，所以他作出推断，那个听到孩子哭而不忍心用力的女人，就是孩子真正的母亲。

面临困境必须要作出两难的选择，身处险境想要重获安全，这些时刻智慧对你来说是尤为重要的。因此，拥有智慧的人比单纯的拥有知识的人，生活的会更幸福。你知道怎样才能够拥有智慧吗？智慧是丰富的生活经验赋予我们的财富。

所以，从现在开始，不管你要做什么事情，都必须认真对待、细心地思考，因为你作出的每一个决定，都会成为你今后智慧的源泉！不管结果是好是坏都要珍惜宝贵的经验。

017 告诉自己，我办得到！

希望你对待生活永远都抱着积极向上的乐观态度。因为只有你保持乐观向上的态度，你的生活才能充满了生机。

儿子啊！假如你口渴了，而杯子里有半杯水，你会怎么想呢？

有些人会说："啊！还有半杯水呢？"有些人却会说："啊！只剩半杯水了！"

第一种人就是拥有乐观态度的人，第二种人则是拥有悲观态度的人。这两种不同的思考方式，对人生的影响也是不同的！

怀有不同的人生态度的人们对待生活也是不同的。乐观向上的人，永远没有绝望的时刻，他们总是能够从绝境中看到希望。举个例子吧，如果说得出"我爱妹妹'这句话，那么就不会作出讨厌或欺负妹妹的行为，这种经验继续累积就会形成习惯。所以，人的思维会影响人的语言习惯，话语会影响行动，行动慢慢就成了习惯。

同样，消极的人最常说的话就是："我办不到！"也正如他所说的，他真的一事无成。相反，怀着乐观态度的人会说："我可以

做到！”于是在他眼中也就没了难事。

孩子，即使你所处的局面危在旦夕，爸爸也希望你永远都要乐观地看待一切，相信自己一定能够渡过难关。

018 爸爸的偶像

当你遇到一些无法应对的情况时，你可以想想你所崇敬尊敬的某些人物，并想一下：“如果是他遇到了这种情况，他会怎么做呢?”

从小到现在，爸爸敬佩过很多的人，几乎超过了100位。爸爸读过许多书，也经历过很多的事，在困境当中我向他们看齐、向他们学习。

现在爸爸最敬佩的人物，就是麦克阿瑟将军。麦克阿瑟将军是历史上最了不起的军事家之一。虽然麦克阿瑟将军去世已经数十年了，但是直到现在他仍旧受到许多人的尊敬，他在1942年还荣获“最佳父亲奖”。他的得奖感言是：“我是个军人，我为作为一名军人而无比自豪；但是让我最为自豪的事情是我是个父亲。虽然军人在战场上杀敌无数，但是经他拯救的生命也不计其数。如果有一天我死了，我希望我的孩子记住的不是他们的父亲是一位军人，而仅仅是他们有一位坚强的父亲。”因此，我非常崇敬他，也想和他一样做一个好爸爸。

我会把尊敬的人深深地印在心中，每当遇到困难时，我就会这样去想："假如面临困境的是我崇敬的人，他又会怎么去做呢?"就是这样的去思考，才使得我不论面对怎样的艰难险阻都可以安然度过。

希望你能够向爸爸学习，在不知所措的时候，可以想想你心中那个最敬佩的人物，想想："假如是他遇到这样的问题的话，他会怎么做呢?"

爸爸希望你能够学会这个好方法！

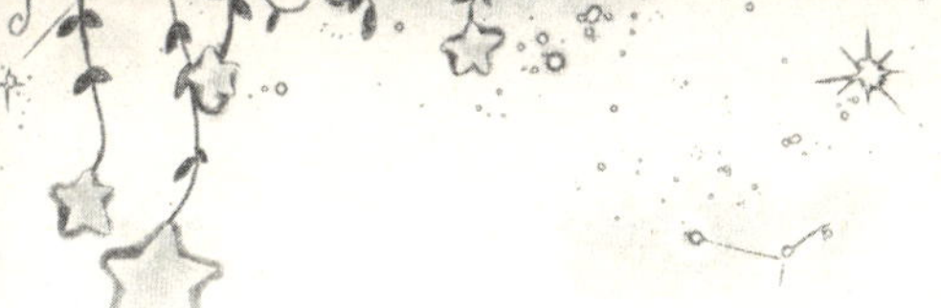

019 请尊敬你的老师

尊敬师长的人，是有着高尚情操的人。希望你能够虚心向老师学习，学会更多的人生道理。

对爸爸来说，一生中对爸爸影响最大的人就是老师们，特别是小学三年级时的班主任。老师的责任是教导学生，所以你要相信老师是有着高尚的道德而且学识渊博的人。因此，好好跟着老师学习一定会获益匪浅。

但是，爸爸想告诉你的是，在老师那里学习的不仅仅是知识，更重要的是老师的生活方式。生活中的每一个人都有他值得学习的地方！所以，你要懂得尊重别人，向他们学习会使你获益匪浅。俗语说："一日为师，终身为父。"老师对于我们来说不仅仅是教授知识那么简单。

你是否有认真地观察周围的人并学习他们的优点呢？有一次我突然听见你说："我们老师真讨厌！"听到这话，爸爸觉得这样很不好。

虽然现在你还只是个小学生，但是已经接触到了很多老师，这些老师各不相同，有些你很喜欢他们，有些也许并不是你喜欢的类型，但是，爸爸希望你能够客观地看待他们、从他们身上学到优点，相信一定会对你有所帮助的！仔细观察，你会发现有的老师富有激情，有的老师善良温和，有的老师则是学富五车。

孩子，尊敬师长，这是我们做人的基本准则。爸爸希望你也能够真心地尊重你的老师，从他们身上学得做人的道理，好吗？

020 朋友是一辈子的事

好的朋友对你的人生来说是点睛之笔，可以让你的人生更加安稳踏实。

有一天，你和朋友在外头玩到很晚才回来，你还记得爸爸曾经问你和谁在一起吗？那时，你告诉我说是和同校的同学一起玩耍，爸爸听了很是担心。

当时爸爸想要花些时间和你好好地谈谈，你却觉得太累了要回房休息，所以爸爸就借着这封信跟你说，希望你了解交朋友是一件非常重要的事情。

爸爸知道你很喜欢和他们做朋友，你们一起玩耍非常快乐。所以，爸爸害怕我说的话会让你伤心，但我还是希望你能够理解爸爸。

你也知道和你玩的同学经常出入电动玩具店，对读书和其他的休闲活动并不感兴趣。甚至还有人曾经偷过朋友的东西……

爸爸担心你被他们带坏，看到你常常和他们一起玩耍，我就感到很烦恼。

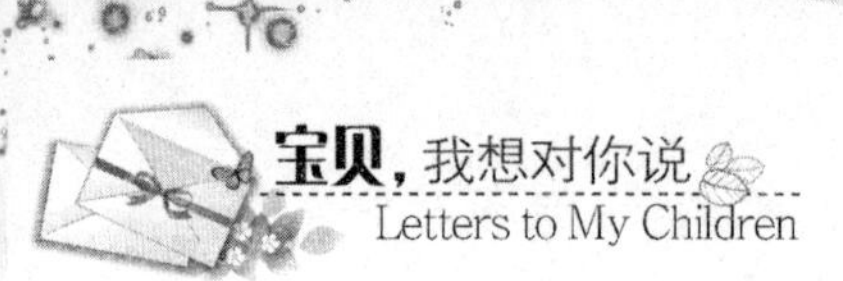

爸爸小的时候，爷爷也是这样对待我的。让我给你讲个故事，你仔细听听吧！

那件事情发生在爸爸 12 岁的时候。在村子里，有个比爸爸大 5 岁的哥哥，我总是爱跟着他玩耍。

有一天，爷爷突然很严厉地禁止我和那个哥哥一起玩。我当时不明白为什么爷爷这么做，只是哭闹着："我交个朋友又怎么样呢?"

有一天，那位哥哥拜托我帮他搬两个木箱子。他很少拜托我干什么事情，所以我就很痛快地答应了。搬完箱子后，我就回家不管了。

第二天，我被爷爷大骂一顿，还被带到警察局。我根本不知道发生了什么，爷爷一直不停地向警察先生道歉。

后来才知道，原来是那位哥哥从老师那里偷来了这两个箱子。我知道事情的真相之后非常后悔！从那之后，我就明白了爷爷的良苦用心了。

爸爸希望你不要和我一样糊里糊涂就犯了错，要和善良的人交朋友。你听过"物以类聚"这句话吗？意思是品行相似的人才会聚在一起。所以，要认清对方后再决定要不要和他交朋友。

和好人交往可以使自己的生活更加健康向上，即使是身处困境，你也会放心，还有朋友的帮助。

和飞弹一样的道理，虽然他的飞行性能非常准确，但是，假如发射台不够牢固，也一无是处，不是吗？好的朋友就像你向着你的梦想发射所需要的发射台一样。

爸爸告诉了你这么多的交朋友的方法，相信你一定会有所收获。得到权威人士的肯定，行为举止端正，只有结交这样的朋友才能使你受到好的影响。

不是让你对那些有恶习小孩，抱着歧视的态度，甚至刻意的疏远他们，爸爸只是希望你能够认清别人再进行交往。

孩子啊，爸爸看到你和好孩子交往时，对你就会更放心，而且对于你今后的发展也会更加放心。要记得：交朋友是一辈子的事！

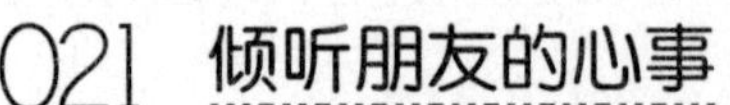

021 倾听朋友的心事

要懂得细心倾听朋友的心事，要让朋友感到你很关心他。

如果你交到好的朋友的话，就要一直珍惜这份珍贵的友谊，要记得不要让你的朋友感到伤心。怎样才能做到不让朋友伤心，让他感受到快乐呢？爸爸有过亲身经历，告诉你这并不是件困难的事情。

实际上，只要你心里想到了朋友、希望他能快乐，朋友就会感到开心的。你要学会做一个倾听者，让你的朋友说出他的心事，让他觉得你是可以信赖的。只要这样，你和朋友之间的友情就会更加坚固。

想让你的朋友感到快乐，单单是倾听是不够的，同样要注意你的语言方式。假如你不管别人的感受一味地夸夸其谈，朋友会被你吓跑的。

除此之外，不能因为你对对方的话题不感兴趣，就将你厌烦的情绪表现出来，就算你一点也不喜欢你的朋友也要注意，要认真倾听对方的语言。这样一来，你的朋友会更加喜欢你，把你放在心里了。

022 从小地方做起

成熟稳重的人不管身处何地，不管做什么事情都会非常得体。大人们喜欢从观察孩子的日常行为里知道他平常的习惯。

“见微知著”这句成语，你是否听说过呢？爸爸小时候一直不明白这句话的道理，现在长大成人了，慢慢明白了其中的深意。

爸爸以前告诉过你，我在大学时期为了赚取学费而去当代课老师的事情吧！那时，爸爸非常认真地观察了班上几位小朋友，从而领教到了“见微知著”的含义。有一个小朋友总是在上课的时候忘记带书和笔记本，所以他一直和一起上课的同学看一本书，虽然他没有感觉到什么却影响了别人的学习。爸爸曾经多次劝告那个孩子，但是他并没有什么改变。在学校里，他总是调皮捣乱；在家里，他也爱惹是生非。

成熟稳重的人不管身处何地，不管做什么事情都会非常得体。大人们喜欢从观察孩子的日常行为里知道他平常的习惯。

爸爸希望你今后不管面对什么都要做一个成熟稳重的人。

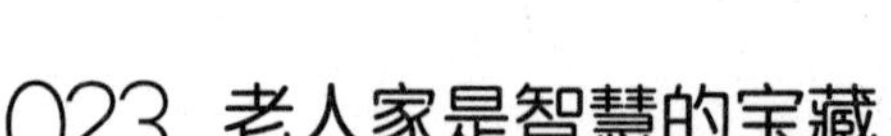

023 老人家是智慧的宝藏

老人们手中最为珍贵的是他的人生经验而你要努力地向他们学习。不管你感觉你的生活是多么的完美无缺，不尊重长辈，必将受到惩罚。

记得那是爸爸高中三年级的事情。当时要考大学，学习的压力非常大，所以爸爸每天的生活都很辛苦。

家里的人都对爸爸寄予厚望，大家也都不想再给我增加压力，所以那时候就算我犯错了也不会有人责备我。但是，爸爸却不以为然，只有我自己一人承受着沉重的压力，而对爱我的家人，有一件事却让我后悔终身。

那时住在乡下的奶奶来探亲，本打算在我们家住一个月，爸爸需要和奶奶住在一个房间里，感到非常不方便。

爸爸想要晚睡晚起，但是奶奶起得早睡得晚，而且总是唠唠叨叨的，所以我总是感到很厌烦，对奶奶非常不和善。

爸爸和奶奶说话的时候总是气呼呼的，总是静不下心来和她说话，有时候甚至都不搭理奶奶，无视她的存在。

有一天，我刚背起书包要上学去，奶奶又开始唠叨了，叮嘱我要多穿件衣服、记得要系好鞋带、早饭要多吃点等等。我听了很烦，根本没搭理她就出门去了。当我傍晚回到家里时，却看到妹妹在伤心地哭泣。

原来是奶奶去世了……

我一下子就惊呆了！我为之前对奶奶那傲慢的态度而感到后悔不已，我后悔当初没有对奶奶的态度能够温和一点，现在后悔已经太晚了！奶奶已经离开了人世。

从此之后，每当我看到老人，我就会想起去世的奶奶而后悔不已。可能正是因为这个原因，爸爸现在每个周末都会去养老院，去照顾一下那里的老爷爷、老奶奶们，尽一下孝心。

回顾爸爸的一生，这是我最后悔的事情。人的生命都是有尽头的，不可能一直存在。没有人知道自己什么时候会死掉，所以千万不要伤害别人留下遗憾。尤其是那些老人，他们的生命随时都会陨灭，伤害了他们或许你连祈求宽恕的机会都没有。

老人的想法与你或许会有差异，千万不要不耐烦、恶语相向，应该耐心地倾听老人家的心意。

你们这个年级的小孩子，就像是一张只画了几条线的图画纸，而年过半百的老人就像是一幅已经完成的图画，要在图画纸上再增加些什么东西是很困难的，所以和老人家们沟通并不是一件容易的事情。

相反，你应该虚心的向老人家们学习他们丰富的人生经历。无论你的生活过得多么的风生水起，不尊重长辈的人一定会受到

惩罚。

欣赏一幅用一生画好的图画，把它作为你人生的向导，再努力去学习他们的优点，即使你面临着艰难险阻，但是你获得了宝贵的人生经验。

这个礼拜想不想和爸爸一起去养老院呢？记得你上一次去的时候老爷爷、老奶奶们都很喜欢你的。

这一次，去给他们唱支歌吧！老爷爷、老奶奶们一定会很喜欢的。而且，从这些老爷爷、老奶奶身上，你一定会学习到非常宝贵的人生经验。

024 小人物的哲理

爸爸希望你能够着眼于小事，做好你应该做的事情。一个连小事都做不好的人，却整天想着要做大事，你觉得这实际吗？

不知道你是否记得，有一天，你的心情并不是很好，爸爸问你发生了什么事，你随意敷衍着，不想和我细细讲述，所以爸爸也就没有再继续问下去了。后来才听你妈妈说，原来那天你们班上举行了班长选举。

妈妈说，你想要当班长，却当选了卫生委员，所以你很不开心。爸爸可以理解你的心情。

也许表面上看不出来什么，但是实际上大部分的人心里都想成为班长。当班长多好啊！班长是一个班级的首领。但是，所有的人都去当了班长，那么卫生委员的工作又由谁来做呢？

爸爸希望不管将来你能不能当上班长，现在一定要把卫生委员的工作做好。想要做一个合格的卫生委员，首先要确定自己的职责，时刻要求自己严格不犯错，全力以赴，让老师和同学都感到满意！大家就会渐渐地认同你的能力。如果大家都觉得你是有能力的，也许下次你就会成为班长。

所以，爸爸希望你能够着眼于小事，做好你自己的本职工作，如认真写作业、打扫房间、遵守诺言。如果能做好这些事的话，当大事来临的时候就不会手足无措了！

孩子，如果连小事都做不好的人，却梦想着做大事，你觉得这实际吗？

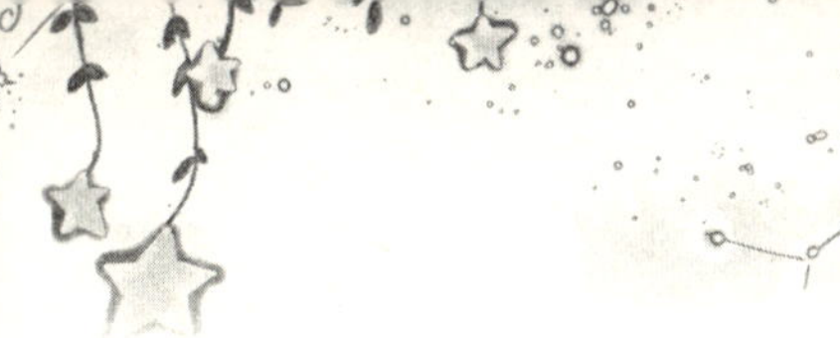

025 自己的事情自己做

生活中不管对待什么事情都能够全力以赴，一定会得到别人的赞赏，而且也提高了自己的实力，大家都能够看到你的努力。

今天爸爸去了你的房间之后，对你很不满意，就和一个垃圾堆一样，玩具和书到处都是。为什么你连这些最基本的的事情都做不好呢？爸爸在想，是不是爸爸的错影响你，让你连这种小事都做不好呢？所以，爸爸决定今后不再给你买玩具，而要先教导你养成“自己的事情自己做”的好习惯。

爸爸觉得你现在完全有能力做好你自己的事情了，你现在思考的方式正在逐渐成熟；也就是说，你已经有了充足的自由管理自己的事物。那么，既然你可以随心所欲地享受你的自由，你是不是应该首先履行你自己的义务吧？尤其是自己的房间，你要保持好你房间的卫生，而不是全靠妈妈来做。

写作业也是同样的道理。只要你肯花时间动脑思考就可以解决的问题，为什么要麻烦别人，对你也没有什么好处呢？老师为了巩固你学到的知识，才会安排给你们作业。但是，你不自己做，

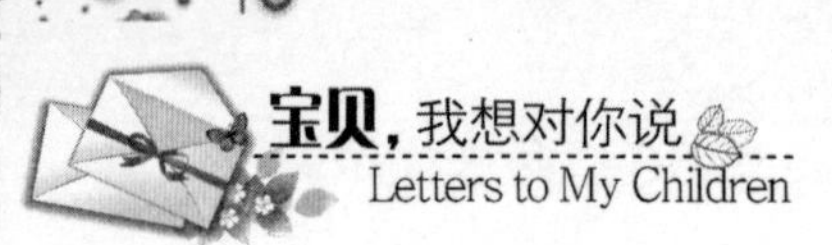

反而依靠别人，那么你肯定也无法将知识学好而落在其他同学的后面，我想你是不希望事情变成这样的吧！

所以，从现在开始，爸爸希望你要着眼于小事、做好自己分内的工作。这样一来，你将会成为一个成熟稳重的人。

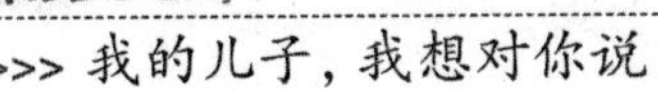

026 像个男人般挺起肩膀

你要有责任感，爸爸想告诉你，在做任何事之前都要认真地评估你是否可以做到这些事。

记得你小的时候，爸爸这样问过你：“长大后想做什么呢?”你回答说：“想当军人或是警察。”大多数的男孩子都会这样回答。继续问你这种想法的原因，你说：“可以保护国家!”听了你的话，爸爸非常高兴。

现在的你还很小，你是个男孩子，所以总会想着保护人、照顾人，但是要保护某个人，并不是一件简单的事情。现在爸爸妈妈在你的身边，不管发生什么事情，爸爸妈妈都会来帮你解决；但是，你长大之后，你还是想着靠爸爸妈妈来保护的话，你会羞愧得抬不起头。

做一个有责任感的人，爸爸想让你知道，不管要做什么事情都要想想你有没有能力做到。

美国总统杜鲁门，在他的办公室里写着一句话：“我将承担一切的责任。”身为美国总统，他要保护他的人民，所以他用这句

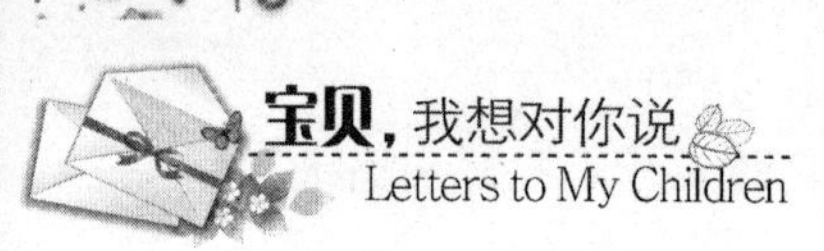

话来时刻提醒自己的责任，让自己在任何时刻都保持清醒、不能出错。爸爸非常佩服他的这种行为。

儿子啊！作为一个男子汉就要有责任感。

027 与自己做个约定

同对别人许下的诺言相比，更重要的是对自己的承诺！

人们常说要“遵守诺言”，但是，为什么要这么做呢？

因为不信守承诺，就会失去信任；一旦失去信任，你的朋友就会离你而去，所以一定要遵守诺言。

但是，假如你许下诺言的对象是“自己”的话，又该怎么做呢？很遗憾的是，大部分的人都失信于自己。

有些人有这样的习惯，在新的日子开始的时候为自己定下计划，许下诺言一定要做到，但是没过多久的时间，就把之前的计划忘得一干二净了。爸爸也总会犯这样的错误，即使下定决心非按照计划执行不可，可是到了最后，回想过去的日子，却发现仍然有许多事情根本就没有完成。所以，比起遵守和别人定下的约定，更重要的是信守和自己许下的诺言！不用说一年的时间，就是一天的计划也是非常困难。做了决定要早起，却依然在日上三竿时才起来；决定了回家后认真学习，但是和朋友玩耍时还是忘了诺言，这种事情有没有发生在你身上呢？

爸爸并没有责备你的意思，爸爸只是希望你能够知道，当你面对诱惑而放弃了你的诺言之后，一定要认真反省，保证今后不再犯同样的错误。每一天你都要反省：今天你有没有实现了自己的允诺，明天的计划你定好了吗？如果没有做到，你要好好地反省，而且保证不再犯同样的错误。

028 向着目标全力以赴

向着目标前进，拼尽全力为了实现目标，必须要有一定的牺牲精神才能达成你的愿望。

最近我们父子两个都喜欢上了棒球这项体育运动。

当我们一起坐在那里看球赛时，都为赛场上的激情洋溢而感到非常兴奋。记得那时候你和我一起看着棒球赛，一边说："爸爸，我以后也当棒球选手，好吗?"

但是，你知道棒球手在成为优秀的运动员之前，要付出多少的辛勤汗水吗？像你看到的这样，成功的人在达到目标之前都付出了艰辛的努力，要严格地对待自己，这是他们成功的共同点。

向着目标前进，拼尽全力为了实现目标，必须要有一定的牺牲精神才能达成你的愿望。

最终取得成功的人们，都拥有一个确定的目标，牺牲了生活中的一些欲望，同时要放弃掉很多的东西。

一个人想要得到自己心仪的事物，就必须全力以赴，比如说你特别喜欢读书，你就得克服一些困难，坐久了会累或有时候想睡觉等等。儿子啊！向着目标，全力出发吧！

029 人与人之间的第一句话

见面相互打招呼的双方都会很快乐，让彼此快乐才算得上是真正的打招呼。

打招呼是人与人之间交往必须要存在的流程。打招呼是我们的日常生活中非常重要的一部分。主动和别人打招呼的人会获得他人的好感，不是吗?

两个完全陌生的人见到彼此，可以通过打招呼来相互介绍：通过打招呼，就可以变陌生为熟悉。如果想要给别人留下良好的第一印象，就应该主动而热情地向别人打招呼。这是人与人交往的常识。

另外，主动向自己尊敬的人或欣赏的人打招呼，可以向他们传达你喜欢对方的心情。你可以用温和而积极的态度和对方问候。

不过，爸爸还要告诉你的是，打招呼要注意时间和场所，不同的情况我们要注意说不同的话。看到对方心情欢快，假如你的态度却消极低沉，就会影响对方的喜悦心情。相反，看到对方好像心情非常低落，你却像幸灾乐祸一样开着玩笑和对方打招呼的

话，对方一定会觉得你太过轻浮、不懂事，而有意疏远你。

见面相互打招呼的双方都会很快乐，让彼此快乐才算得上是真正的打招呼。如果并不情愿与对方打招呼的话，脸上就会不自觉地浮现出勉强的神色，这样很显然会惹怒对方，甚至会让对方讨厌你。如果这样，那就根本没有打招呼的意义了。即使你很讨厌对方，也要试着真心地向他打招呼，这样或许会改善你们之间的关系，两个人或许可以重新做朋友。

030 主动学习的乐趣

读书需要自己全身心地投入到书中，并且要真心喜爱。

你是否曾经在读书时感到这是一件快乐的事情呢？爸爸曾经听喜爱读书的人说，只有真正喜爱读书，才能把书读好。实际上，爸爸相信你可以领会到读书的乐趣，只是希望你能够明白读书更为重要的是养成好的学习习惯！

社会上的每个人都有各自的分工。农夫们要在田里耕种，为人们提供米饭、蔬菜、水果等食物；工人们在工厂工作，制造人们所需的生活必需品；渔夫们要在外捕鱼，让我们可以吃上鲜美的鱼虾蟹贝。

但是，假如他们连自己的本职工作都没有做好的话，该怎么办呢？农夫不去耕田，那么我们又到哪里去买米填饱肚子呢？同样，工人们若不工作，人们就没有生活必需品来用了。

就是这样，每个人都有自己应该负责的一份工作，要尽全力做好。这样做不单单是为了别人，更重要的是为了自己啊！

有些父母认为在学校里上课对于孩子来说还不够，还要另

外让孩子去补习，甚至花很多的钱请家教，想要孩子学更多的课业，希望自己的孩子比别人强。爸爸觉得，想要把书念好，靠那些额外的补习是没有用的，最重要的是珍惜时间、养成良好的学习习惯。

爸爸念过大学，我很清楚在学校认真学习的重要性。不管你上多少的补习班，但是，在学校却不去认真学习，去补课你也不可能认真听讲，最终你也不会学好习的！除此之外，看太多的参考书和习题也不是个好方法。特别有的同学，一本习题还没完成就换另一本习题，总是有始无终，做的测验卷很多，但是完成的却没几份，最后，可能会慢慢开始讨厌做题。其实，学好教材是基础，完成好课本之后再研究别的才对。如果你还想学习，可以再选择一种参考书，坚持做完才有效果。

对于考试也有应对的方法。在学校考试前，你要首先综合看一下。刚开始你可能无法预料会出什么考题，但是，慢慢地捉摸，你就会有所领悟。特别是上了高中以后，每门课程的老师都不同。如果在各个科目的上课时间里，你都充分的利用时间，掌握全部知识并不是一件难事。所以，上课的时候，认真听老师讲课，你会慢慢地发现考题的所在。因此，珍惜上课时间，比课下用再多的时间都有效。

还有，不要忽略平时的认真研究。养成在上课的前一天先预习即将要学习的知识的习惯。如果你能事先预习所学内容，你会更容易理解老师的讲解，这样也会将学到的知识牢牢地记住。到了考试时，就不用临场慌张了。

读书需要自己投入到书中，并且要真心喜爱。如果你能够将爸爸教你的方法都学会，你会发现读书是件很简单的事情！

031 书是无言的老师 

趁着年纪小，要多读些好书，才能为将来、为梦想打下基础。

你听过“书本是不会说话的老师”这句话吗？因为书籍中记载了很多成功人士的案例，讲述了他们一生的拼搏经历，他们富有智慧；我们学习了那些内容，就可以按照他们的经验继续拼搏。

好的书籍可以成就你非凡的人生，爸爸和你所知道的伟人，他们都是饱读诗书。他们热爱读书，非常有远见卓识。

像你这个年纪，正是人生当中学习的重要时期，所以要认真读书。读好书，可以沿着前人的轨迹成长为一个堂堂正正的人。但是，千万不要漫无目的地读书，读完一本书之后，要从中真正地学到东西，这才是真正的读书。

读书的方法有许多，最重要的是适合你才行。对于像你这样年纪的小孩来说，我建议你的阅读面一定要广、不要单纯地看一种类型的书。

不同的人面对着同样的一本书，会得到不一样的见解。所以，你要养成你自己特有的读书习惯。世界上的书不计其数，希望你能选择对你有益的，你真正能有所感悟的书！

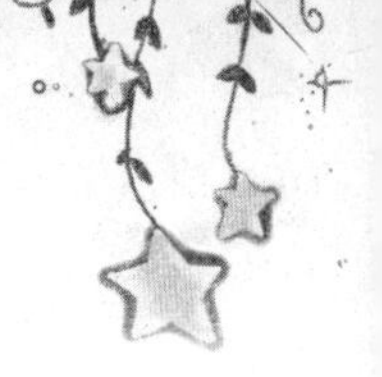

032 百闻不如一见

旅行带给人们许多的欢乐，远离城市的喧嚷到远方旅行，与大自然亲密接触。

远离尘世的喧嚣到远方旅行不仅能够让人们感到无比的快乐，更能够让我们与大自然亲密接触。虽然有很多的人跟你描述大自然的模样，但是这一切都不如你亲自到大自然里感受它的美好。

书本可以告诉你很多未知的事物，但是，如果你感知一切都只靠书本而脱离了实际的话，你就大错特错了。举个例子，你在书上看到了卢浮宫的照片，并不能证明你对卢浮宫有了充分的了解，应该要亲自去一趟，亲眼见识它的雄伟壮观，看看那美丽的庭园、珍贵的典藏，这样才能说你了解它。

为了能够实际验证所学的知识，我们会常常去旅行。爸爸希望你能将在学校以及通过书籍和电脑所学的知识，要加上你实际的观察，把这些深深地印在你的脑海里，有一天你有机会去旅行时，你就可以把这些知识和实际对比。看看描述和实际到底有什

么不同！

对待学术一定要严谨，抱着一颗疑问的心去探究各种问题。如果有不明白的地方，一定要请教别人及时地解决！

033 失败并非结束，而是开始！

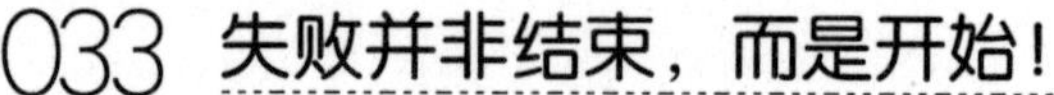

希望你将来不管身处何种境地，千万不要轻言放弃，相信失败乃成功之母，不要畏惧重新开始。

很多人在实施一件事情时，总会想起失败的阴影而丧失掉了勇气。

人们为什么会害怕失败呢？一位心理学家解释道，人们害怕丢面子。除了害怕失败，人们更害怕失败后别人给与的冷嘲热讽，这会消磨掉我们的斗志，从而放弃了努力拼搏。

假如你失败了，请不要在乎别人的眼光，那并不重要，为了更大的成功，必须要有勇气无视他人的不屑。比如，你在学校你的成绩很差，别的小朋友都嘲笑你，老师和爸爸、妈妈都责怪你，但这不代表你永远失败，不是吗？反而正是因为如此，才越要努力，让他们不能轻视你！如果你能这么做，嘲笑你的小朋友也会非常佩服你；老师和爸爸、妈妈也会为你自豪。但是，如果你就这样自暴自弃放弃了，那么你就真的失败了。

爸爸希望你将来不管身处何种境地，千万不要轻言放弃，相信失败乃成功之母，不要畏惧重新开始，爸爸相信总有一天你一定会成功！

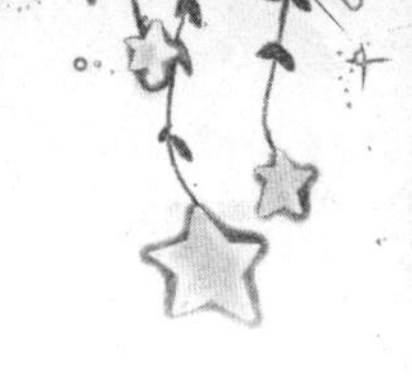

034 成功人物的特质

真心看待别人的长处，给与别人诚挚的赞美，这样别人会感谢你的赞赏，同时也会真心对待你、寻找你的优点。

假如在你的周围存在着很多比你有优秀的人时，你会怎么想呢？是不是就这样嫉妒对方呢？如果确实是这样，那你一定要改正。

人的一生要经历无数的成功与失败。曾经经历过失败的人，不代表他永远失败；相反，取得过成功的人，也不见得再没有失败的时刻。但是，如果你因为自己的失败，就嫉妒别人的成功，这样是完全不对的。相反，你成功了，绝大部分人都在夸赞你，却有个人非常讨厌你，你会不会很伤心呢？

人们总是喜欢发现对方的缺点却忽略了他人的优点；而且无谓的嫉妒，会浪费你的精力、阻碍你的成功。

当然，如果那个人的成功不是因为能力，而是用不好的手段取得的话，就要挺身而出、勇敢地批评他。因为勇敢地指出对方的过错，这也是正义的一种表现。但是，与其一味地发掘他人的

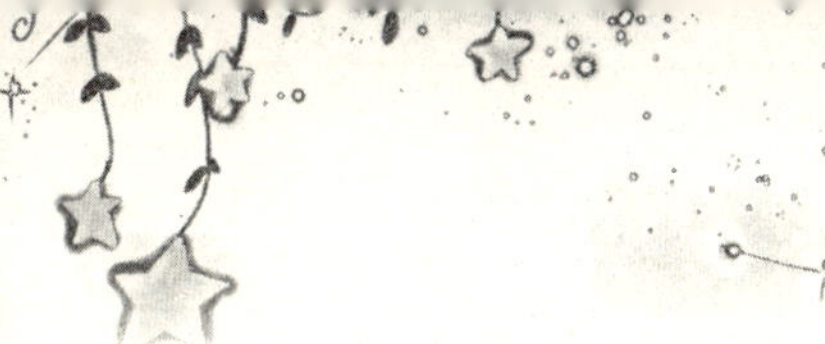

缺点，不如找找别人的优点；想着嫉妒别人的优点，还不如好好地改正自己的不足。如果你能做到这些，那么你离成功就不远了。

真心看待别人的长处，给与别人诚挚的赞美，这样别人会感谢你的赞赏，同时也会真心的对待你、寻找你的优点。

爸爸希望你越来越完美而赢得他人的赞赏！

035 你常说错话吗？

你常常为自己说出的话感到后悔吗？

说话是了解一个人最直接、简单的方法。只要和一个人深入交谈一番就会对这个人有个大致的了解。

最近经常看到有些人说话根本就不经过大脑。走在街上，常常听到一些粗俗的话语，尤其是很亲密的朋友，大家说话更是无所顾忌；也有些人为了一些鸡毛蒜皮的小事，就大动肝火地争吵。甚至许多只有你们这么大的孩子也开始说脏话。

说话是了解一个人最直接、最简单的方法。只要和一个人深入交谈一番就会对这个人有个大致的了解。一个人的知识水平、道德修养很容易从他的言谈之间流露出来。

如果你也有说话不严谨的习惯，就马上注意改正吧。因为那些话语，会严重影响你的形象。如果你身边有朋友喜欢说一些粗俗的话，你要劝导他改掉这些坏毛病。爸爸希望你能明白，懂礼貌说话得体才能成长为一个有修养的人。

036 勇于承认错误

你要记住，如果有人责备你，那就代表你做了错误的事情，所以我们要严格注意自己的行为举止，做一个谦虚的人。

你知道今天发生了什么事吗？可能你还不知道，爸爸今天到学校和你的老师谈了谈。因为昨天你的班主任打电话来，说你和其他的小朋友打架了，而你却没有承认错误。

爸爸当时听了很生气，但是到学校和老师交谈之后，才算是明白了你的想法。你是因为想要帮助一位在班上受到冷落的同学，才和其他的同学起了争执，后来老师责备你时，你却不认为自己错了，坚持不肯认错。

你能够勇敢地保护被冷落的小朋友，我很赞赏，但是无论在何种情况下暴力是解决不了问题的，这样做是错误的。如果不是为了保护自己，绝对不可以使用暴力解决问题。

还有，犯了错就要勇敢地承认。就算你觉得自己没有错误，当大人责备你时，你也应该首先检讨一下自己，想想自己是不是犯错了；如果实在想不明白，就要虚心地询问。如果老师没有及

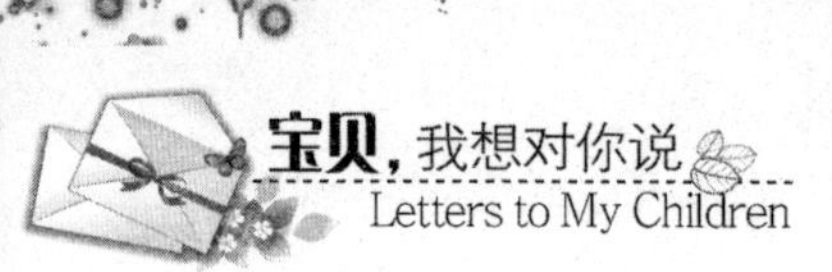

时发现并阻止你们的纷争，你就可能犯下大错了，所以老师才会责备你。不然的话，后果一定很严重。

你要记住，如果有人责备你，那就代表你做了错误的事情，所以我们要严格注意自己的行为举止，做一个谦虚的人。

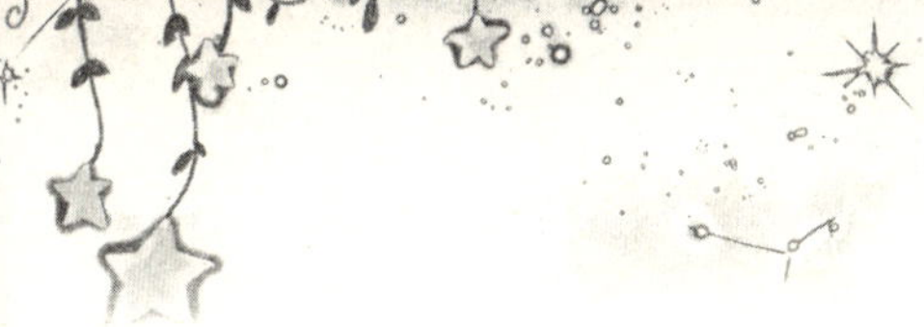

037 和爸爸一起去旅行

平时你不太喜欢到外面活动一下，其实当你感到很累的时候，可以到郊外散散心，身心就会很快放松下来。

人是生活在大自然中的动物，大自然是我们赖以生存的环境。因为我们长时间地待在城市里，所以平时你不太喜欢到外面活动一下，其实当你感到很累的时候，可以到郊外散散心，身心就会很快放松下来。

正是因为这个原因，爸爸很喜欢旅行。走入大自然的怀抱有种回到故乡的轻松感觉，所有的喧嚣统统抛到脑后。

这个周末我们一起去旅行吧！麻烦妈妈为我们多准备些好吃的点心，我们就可以在小溪的岩石上吃午餐了，一边欣赏风景一边拍照。和爸爸一起就像男人和男人一样的谈谈好吗？爸爸有很多东西要告诉你，也有太多的话想和你说。

对了，爸爸还想告诉你一些我以前在旅行时的所见所感。等你长大以后，自己一人去旅行时，相信这些都会帮到你的。

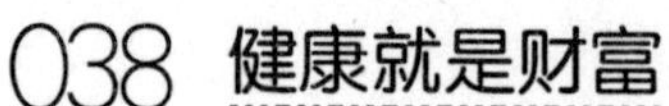

038 健康就是财富

再多的金钱、名誉都比不上健康的身体，没有了健康，一切都变得不值一提。

在这世界上，最最重要的就是健康了，所以随时强调健康的重要性并不是小题大做。再多的金钱、名誉都比不上健康的身体，没有了健康，一切都变得不值一提。忽视并且损害自己健康的人是非常愚蠢的。

你常常对于天气的变化不闻不问而冻坏身体吗？或是因为不注意饮食弄坏肚子吗？这些都是不懂得爱惜自己身体的人的愚蠢行为！

所以，爸爸现在想告诉你要珍惜自己的身体。你要认真地听，好好地学，才能懂得如何珍惜自己的身体。

保护健康要注意饮食，不挑食、偏食。偏食严重影响身体健康，尤其是蔬菜类的食物，因为蔬菜可以提供给处在生长发育期的你所必需的营养物质，非常重要。

还有，尽量少吃零食。那些食物虽然好吃，但是对于健康无

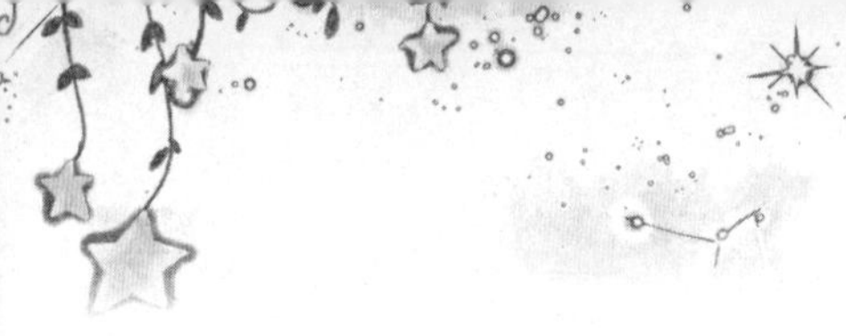

一益处，而且很容易导致儿童肥胖。泡面、零食、碳酸饮料等，都是一些不好的食品，尽量远离它们。如果常吃那些食物，很容易诱发各种疾病。

为了保持身体健康，要多运动，人们都懂得这个道理，但很少有人能够做到。与其勉强自己做一些不情愿的运动，不如在天气晴朗凉爽的时候，简单地做做体操或是跳绳、跑步来活动一下。如果这些你也不想做的话，那就去散散步吧。

如果你喜欢的话，你可以选一种运动来学习，像是防身术或跆拳道。像这样的运动方式，既可以达到健身的效果，还可以学习保护自己。

早上起床后，要喝一杯水，这样帮助肠子的蠕动，就会想上厕所。经常保持这么做，对于健康很重要，所以起床后先喝一杯水的习惯一定要养成。虽然刚开始时会觉得不习惯，但坚持下来，你就会发现自己的身体有了很大的改善。

还有，保持充足的睡眠。如果总是一直玩游戏、看电视，脑子会变得不清楚，就会失眠。感到疲倦时，可以做做运动，或是看一会儿书，放松一下，这样会提高睡眠质量。如果不能保证充足的睡眠，第二天一定会感觉很累的。

你睡觉的时候，身体的各个器官也要休息了，这样才能保证你第二天有充足的精力。因此，一定要有充足的睡眠，才能让自己好好地放松，保证你在第二天充满活力。

到目前为止，爸爸告诉了你很多保持健康的方法，你都记得吗？如果想不起来的话，和爸爸一起来做，好吗？

等爸爸下班了，我们可以一起出去做运动，一起比赛跑步和跳绳，这样就可以锻炼身体、保持健康了。

如果你听爸爸的话去做，你一定会拥有健康的身体。希望你能够明白，健康是这世界上最为珍贵的东西。

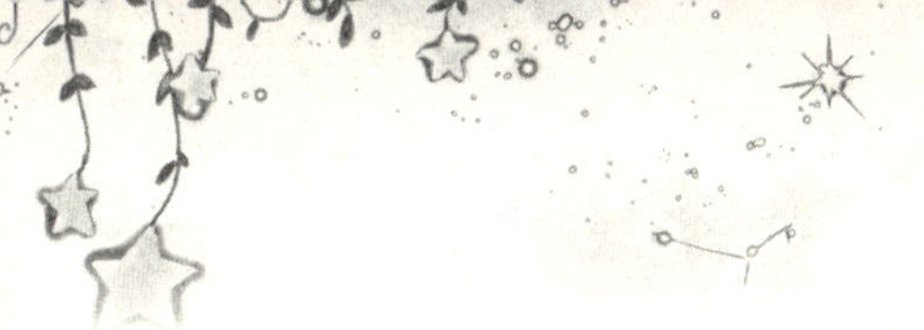

039 学习安排自己的生活

为了能够有效地利用时间，要制定好合理的计划，并严格按照计划进行。

时间非常珍贵。所谓覆水难收，大家都知道逝去的光阴是不会再回来的。

所以，天下的父母都希望孩子们懂得这个道理，从小就懂得珍惜并高效地利用时间，你也要认真地听从爸爸的劝导，珍惜时间。

为了能够有效地利用时间，要为一天制定好计划。你可以试着制定出从早上起床开始一直到睡前的计划。否则，糊里糊涂地虚度了一天，浪费的时间是无法追回的！

让爸爸来告诉你，你一天中的行程吧！你大约在下午 4 点时从学校回到家里，然后去补习班补习约 1 个半小时；回到家以后，通常都会坐在电视机前面看卡通；卡通播完后，会马上坐在电脑前玩游戏；晚餐时间，你只是勉强地吃几口饭，然后赶紧又坐回电脑前面打游戏；到了睡觉的时间，你才想起来到书桌前写作业，

这就是你的一天！作业还没有写完你就睡着了，爸爸只好把你抱到床上去睡，你都是这样度过大部分时间的。

听爸爸讲了你有没有觉得不好意思呢？像这样漫无目的地盲目虚度一天，对你而言不是浪费时间吗？

爸爸希望你从今天开始养成回到家以后先把作业写完的习惯，因为一直等到睡前才开始坐在书桌前写作业的话，就无法保证作业的质量。如果只是应付地把作业写完的话，就毫无意义了，作业是为了巩固你的学习，老师是为了让你能够自动自发地读书才给留作业的。从学校和补习班回来以后，就立刻写作业的话，对你的学习是有很大帮助的。

另外，你玩游戏和看电视的时间要缩短。爸爸并不是反对你做这些事，但是希望你先把你份内的工作做好。如果你先把作业做完，再来看电视或玩游戏，爸爸就不会觉得不好了。还有，在一天当中不能把运动抛到一边，如果你不会你可以先从简单的跑步和跳绳开始。与其做高难度的运动，还不如学些简单的运动，这样既可以锻炼身体还能愉悦身心。

在你准备睡觉之前，可以试着写日记来总结自己的一天。写日记时可以检查自己是否完成了所有的计划，如果没有做到就要好好想想，下次改正，明天一定要完成任务。

爸爸建议你，一天的计划可以这样安排：

上午7点起床，收拾好准备上学

8点开始学校生活

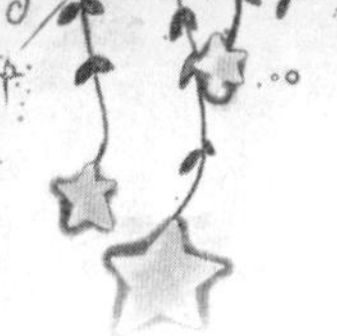

下午 4 点放学回家

4 点至 6 点写作业

7 点至 9 点看电视、玩游戏、做运动

10 点写日记、准备睡觉

时间的管理很重要，也是生活中不可或缺的部分。周末时，你有更多的自由时间，最好能花一些时间看会书，或是出去去旅行，或者你也可以和爸爸一起去游泳或爬山锻炼身体。千万不要待在家里虚度光阴。

儿子啊！学会合理安排自己的生活是非常重要的事情！因为这样可以帮助你规划好自己的事情，合理利用时间！

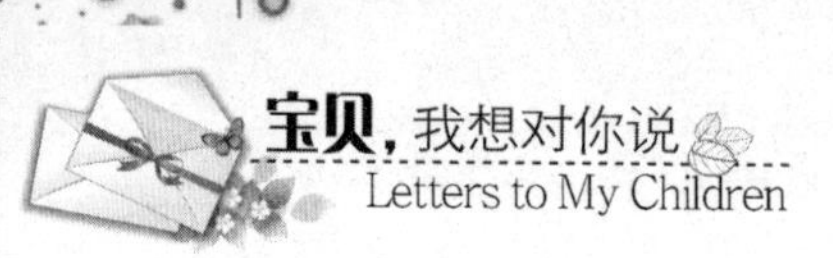

040 收集每天的故事

从现在开始，希望你也够试着记录下你的今天，规划一下你的明天。把你每天的故事记录下来，这就是属于你自己的独一无二的历史。

为什么要写日记呢？爸爸在小的时候，也不明白为什么要写日记；但还是每天持续地写日记，逐渐就养成了写日记的习惯。爸爸觉得可以靠着这个习惯，来培养及时总结今天、展望明天的习惯。

从现在开始，希望你也够试着记录下你的今天，规划一下你的明天吧！不要觉得这有多么困难。只要去想想今天发生了什么事情，把一天当中发生的有意思的事、让你难忘的事情以及第二天你给自己定下来的计划写下来。这样，你就可以慢慢培养出对写日记的兴趣。如果你能够慢慢将自己的故事收录起来，就会逐渐形成一笔宝贵的财富！

你想啊，将来你长大了，回过头来看看之前写下的日记，是件多棒的事情啊！就算是过了一年后再翻出来看一下，也是件非常有趣的事情；再过几十年，你也当了爸爸，再来回顾这些日记的话，那一定有意思极了！

爸爸有着切身的体会知道这样做的乐趣，所以我希望你也能这样去做。儿子，就从现在开始尝试一下吧！

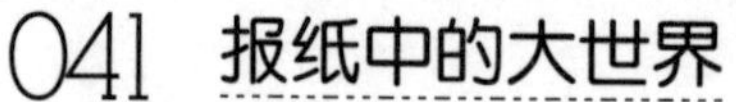

041 报纸中的大世界

报纸上每天都概括了整个社会的动向，爸爸希望你能够爱上报纸，透过它来看世界。

我们生活的社会是瞬息万变的，报纸是我们获取信息的重要渠道。你看报纸的时候喜欢先看哪个版面呢？如果没错的话，是漫画吧！爸爸小的时候也是这样的，因为漫画能够将当前发生的重要的事情，用简单诙谐的方式表达出来，但是千万别看完了漫画就把报纸放在一边。

你现在年纪还小，所以不需要对于时事或是政治的问题细细研究，但是你可以粗略地浏览一下醒目的新闻标题，这样至少知道在这一天里发生了什么。浏览完大标题以后，就要着重去看自己比较关心的内容，需要你详细地阅读一下，这样就可以对新闻的基本动向有个把握，就像是在什么时间、地点、什么原因发生，后来又发生了什么等，然后针对发生的事件，看看自己有什么样的见解。养成这样的习惯吧！如此一来，就可以培养自己进行独立思考的能力。

另外在你看报纸的时候，一定会有很多难懂的字词，所以读起来可能不太容易。你要充分地利用字典来查询你所不懂的字词，这样就可以增加你的词汇量了。

报纸上的新闻，可以让我们对世界有个充分的了解，爸爸希望你能够通过报纸这个窗口了解外面的世界。

042 建立良好的异性友谊

男生与女生存在着许多的不同之处，在一起交往的时候一定要理解彼此，这样才能处理好你们之间的关系。

现在一些报纸报道，很多的小学生流行和异性朋友交往，不管是男孩还是女孩，只要你喜欢对方，就会轻率地说出“我要我们在一起”之类的话语，甚至有些人之间还写“情书”来沟通彼此的心情，非常坦然地穿着情侣装，告诉大家他们的关系，所有的举动和成年人没什么区别。我想在你的周围一定也存在着许多这样的同学吧？

但是，希望你能相信爸爸的话。你们之所以会和异性成为朋友，一定是对方的某一点吸引了你，看到大人们这样做，所以你们也照样学。但是，你们毕竟和成年人不同，你们这个年龄是无法和我们一样交往的，因为你们在面对男女情感时并不了解、还很幼稚。那么，怎样才能处理好和异性之间的关系呢？

首先，你不要模仿成年人交友的方法，对于你喜欢的女孩，只要把她当成好朋友照顾她、陪伴她就可以了。但是，你必须先

知道在那之前，你要懂得尊重别人。

还有一点非常重要，那就是不要觉得男生比女生优秀，存在性别歧视。如果你看不起女性，就无法设身处地为她们着想，长大以后仍然会保持这种成见。男生与女生各自都有自己擅长的方面，相互理解对方并且容忍对方的行为，才能与异性友好相处！

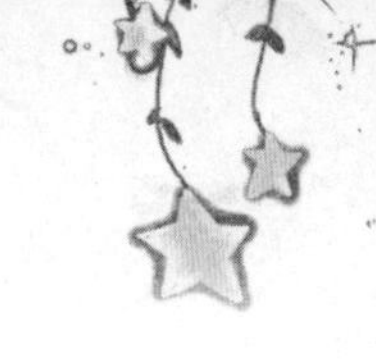

043 节俭和储蓄的好习惯

对钱财合理的支配，从小养成节俭与储蓄的习惯。这样的话，也许有一天你的积蓄就足够帮助别人了。

现在就算是小学生的身上也有很多的钱，我不能理解他们带那么多的钱有什么用处？但是，爸爸每个月只会给你很少的零花钱，对于此你的心里有没有觉得不舒服呢？有时想买好吃的东西给朋友或是想买礼物送给喜欢的女生，却因为没有钱而不得已放弃，我想你也曾遇到这样的事情吧。爸爸理解你的心情，但是希望你也能明白我们的意思，我们这么做是有理由的。

钱是个对人有很大影响的东西。钱可以左右人的一生。如果有许多钱，人们就会感到高兴，似乎什么都能够做到似的，所以人们都为钱而痴狂。

现在全国非常流行彩票不正是这个道理吗？事实上那就是爸爸前面讲到的，恰恰就是利用每个人都想赚钱的念头，煽动人们都去买彩票。人们很清楚中奖几率有多低，但是仍然抱着侥幸心理，盼望一夜暴富。

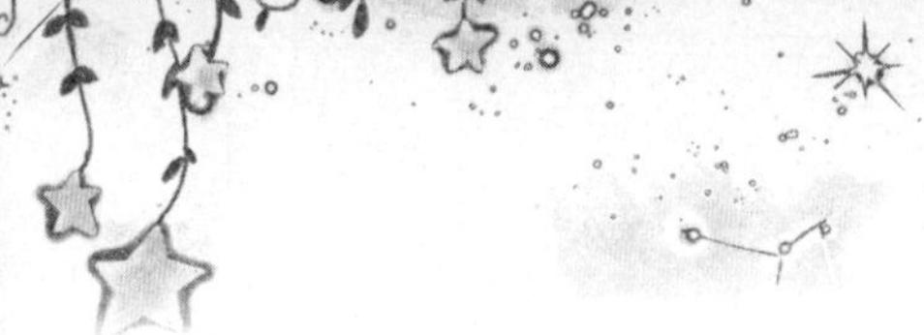

我们绝对要杜绝这种念头！应该凭自己的劳动去赚得钱财，而且要节俭、把钱储蓄起来。把钱存起来累积成一笔小钱，既可以帮助别人，而且还可以解决燃眉之急。

爸爸想要培养你养成这种好习惯，所以会在固定的时间给你零花钱。因此，从现在开始，妥善管理你的零花钱，做一个节俭勤劳的人。花钱的习惯是日复一日养成的，所以你从小就要懂得合理支配财产才有可能成为真正的富翁。

044 将决心化为行动

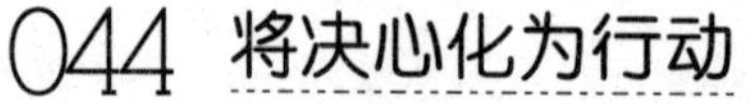

记得要从小事开始做起，这样你就会对自己有一个充分的了解，就可以合理地安排自己的人生。

爸爸告诉了你很多很多的事情，不知道你有没有觉得很难做到呢？记得爸爸曾经对你说过“要有勇气去实践梦想”这句话吗？不要害怕眼前的困难，试着把它合理地解析。爸爸不会勉强你去做一些难以实现的事情，爸爸相信你的能力，你一定可以做到。

如果还是感到很困难的话，那就先从你觉得比较容易的事情做起。不管是多么容易的事情，如果你觉得你去把它完成根本就没有意义的话，就不要白费时间了，不是吗？如果从小事开始你全都完成了的话，这样你就会对自己有一个充分的了解，这样就可以合理地安排自己的人生。

实践梦想的旅程像一次马拉松赛跑。刚开始跑的时候，会感到非常的艰难，腿都抬不起来了，心里打退堂鼓：“我为什么要参加比赛呢？”但是，只要坚持努力地继续跑下去的话，就会渐渐跟

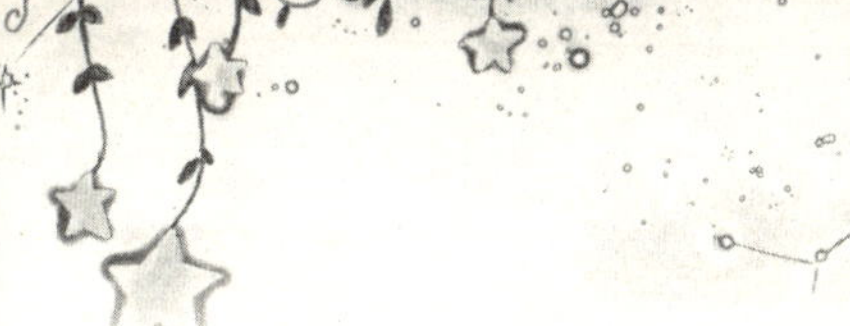

上别人，甚至超越别人到达终点。

事情在刚开始的时候都会显得很困难，但是，如果你坚持不懈，凭着毅力斗争，一直拼搏下去，最终就一定会成功。能做到这些的人，无论将来到了何处，都会得到大家的青睐。爸爸希望你做一个说到做到有毅力的强者。